W0383503

KLARTEXT

MARKUS BÖTEFÜR

KNEIPENFÜHRER ESSEN

DIE KULTIGSTEN KNEIPEN IN DER RUHRMETROPOLE

BILDNACHWEIS

tinem / photocase.de S. 1-3; boing / photocase.de S. 4/5, 102/103, 112; Lindenthal / photocase.de S. 6/7; ThuemmlerC / photocase.de S. 8/9, 26/27; Markus Bötefür S. 9 o., 10 o., 15 u., 26 o.l., 29 u., 39 u., 80, 81 u., 87 u., 97 (Figur), 104 u. ; FUNKE Foto Services / Remo Bodo Tietz S. 10/11, 11 u., 12/13, 14 o. ; FUNKE Foto Services / Kai Kitschenberg S. 12 o., 49, 50/51; Fotolia / Hoda Bogdan S. 14/15, 38/39; Erdo / photocase.de S. 16/17, 104/105; FUNKE Foto Services / Klaus Micke S. 18-21; Fotolia / habrda S. 22/23, 46/47, 60/61; FUNKE Foto Services / Dennis Strassmeier S. 22 u., 23 o., 43, 44 o., 101 u., 102 u.; Fotolia / merydolla S. 24/25; Fotolia / Jaroslav Machacek S. 25 u.; FUNKE Foto Services / Ulrich von Born S. 26 o.r., 30 o., 35, 38 o., 50 o.; WAZ FotoPool / Walter Buchholz S. 27 u., 62-64; Fotolia / Lsantilli S. 28/29; Stefan Ziese S. 31-34, 40-42, 48, 57-60 o., 73-75, 84-87, 88-93, 94 o., 95 u., 105 o., 106, 107, 108-111; Fotolia / sevaljevic S. 32 r.; FUNKE Foto Services / Kerstin Kokoska S. 36; bolleone / photocase.de S. 44/45; FUNKE Foto Services / Sebastian Konopka S. 52-56, 61, 65-68; Fotolia / robootb S. 69; FUNKE Foto Services / Stephan Glagla S. 70/71; Fotolia / Igor Normann S. 71 u., 81, 82/83; FUNKE Foto Services / Studnar, Jakob S. 72; manun / photocase.de S. 76; FUNKE Foto Services / Alexandra Umbach S. 77, 78 o.; Fotolia / Brent Hofacker S. 83 u.; Fotolia / rcfotostock S. 94/95; FUNKE Foto Services / Martin Möller 96-99; Fotolia / Vladitto S. 100/101

IMPRESSUM

1. Auflage August 2015

Redaktion, Satz und Layout: Achim Nöllenheidt
Umschlaggestaltung: Yvonne Pfeiffer, Art Direction, FUNKE MEDIEN NRW GmbH
Titelbild: Fotolia / Lsantilli
Druck und Bindung: Multiprint, Kostinbrod

© Klartext Verlag, Essen 2015
ISBN 978-3-8375-1380-6

Alle Rechte der Verbreitung, einschließlich der Bearbeitung für Film, Funk, Fernsehen, CD-ROM, der Übersetzung, Fotokopie und des auszugsweisen Nachdrucks und Gebrauchs im In- und Ausland vorbehalten.

Alle in diesem Buch enthaltenen Angaben wurden vom Autor nach bestem Wissen erstellt und von ihm und dem Verlag mit größtmöglicher Sorgfalt überprüft. Gleichwohl sind inhaltliche Fehler nicht vollständig auszuschließen. Daher erfolgen die Angaben ohne jegliche Verpflichtung oder Garantie des Verlages oder des Autors.

KLARTEXT

info@klartext-verlag.de
www.klartext-verlag.de

INHALT

APERITIF

Schon oft wurden die Kneipen im Revier totgesagt. Freizeitsoziologen, Zukunftsforscher und andere Unkenrufer räumen ihnen seit gut einem Jahrzehnt keine Chance mehr ein. Zuletzt wollte das als Nichtraucherschutzgesetz deklarierte Rauchverbot den Eckkneipen ans Leder. Aber sie sind nicht klein zu kriegen und in Essen gibt es sie noch immer hundertfach: die Kneipen, Bars, Cafés und Pinten. Traditionsläden wie die Ampütte oder die Eule, in denen schon unvergessene Essener wie Helmut Rahn und Elisabeth Volkmann ihre Bierchen tranken, mischen noch immer in der Szene mit und ziehen nach wie vor mehr Gäste an ihre Theken als jeder neue Laden. Daneben gibt es aber auch moderne Klassiker, wie das Panoptikum, dessen Wirt und Gründer Ingo Janowitz in diesem Jahr das 30. Jubiläum feiert oder das Café Nord, dessen heutige Managerin bei der Eröffnung des Ladens vier Jahre alt war, sich aber der Rock 'n' Roll-Tradition des Nord nach wie vor verpflichtet fühlt.

Zu diesen Essener Urinstitutionen haben sich in den letzten Jahren kuriose und sehr eigenwillig gestaltete Lokale gesellt, die man anderswo nicht finden würde und die von ihren Wirten mit viel Liebe fürs Detail eingerichtet wurden. Die D.Bar in Holsterhausen ist solch ein Lokal oder die Freak Show in Steele. Auch im als „Klein-Berlin" bezeichneten Rüttenscheid gibt es eine Handvoll Kneipen, die man als individuell, urig oder einfach nur gemütlich bezeichnen darf, wie etwa der von Claudia Stoff eröffnete Stoffwechsel oder das Wirtshaus Rü.

Die Zahl der Essener Kneipen ist riesig. Trotzdem war es leicht, die passenden auszuwählen, denn die hier vorgestellten Kneipen wurden

Die Freak Show in Steele mit ihren handgefertigten Horrorpuppen gehört zu den jungen Lokalen, die man besucht und erlebt haben muss.

nach einem ganz einfachen Muster ausgewählt: Sie gefallen meinen Freunden und mir. Viele der sogenannten Szeneläden in Rüttenscheid wurden nach ausgiebiger Besichtigung und dem einen oder anderen Testtrinken bewusst nicht in den Kneipenführer aufgenommen, denn sie sind seelenlos und verdienen daher keine besondere Beachtung. Wer sie vermisst, der kennt sie ja und darf sich nicht wundern, dass Lokale, die mit Slogans wie „Ein Stück Berliner Szene im Ruhrgebiet" für sich werben, von echten Pottpatrioten die Rote Karte gezeigt bekommen.

Auf den folgenden Seiten lade ich alle Essener und Freunde Essens ein, die schönsten Kneipen zu entdecken und das eine oder andere Traditionslokal wiederzuentdecken.

Viel Freude beim Lesen und bei der Kneipenerkundung.

Markus Bötefür

SCHÖNER WOHNEN FÜR FUSSBALLFANS

11 FREUNDE – DIE BAR IN RÜTTENSCHEID

Kindheitserinnerungen werden wach, wenn man nach vier Jahrzehnten Tip und Tap, den legendären Maskottchen der WM 1974, wiederbegegnet. „Damals", so erinnert sich einer unserer Kneipentester, „hatte ich die beiden Typen auf einem T-Shirt und wollte es nach dem Sieg über Holland gar nicht mehr ausziehen." Erinnerungsstücke an den Gewinn des zweiten WM-Titels sind aber nur ein kleiner Teil in der großen und fast an ein Fußballmuseum erinnernden Sammlung in der 11 Freunde Bar an der Ecke Kunigunda- und Girardetstraße. „Insgesamt befinden sich hier über 2.000 Stücke, die ich im Laufe meines Lebens zusammengetragen habe. Der Hauptteil stammt aus den 1920er Jahren", erzählt Thomas Siepmann, der die 11 Freunde Bar vor zehn Jahren mit seiner Frau eröffnete und sich auf das elfjährige Jubiläum 2016 freut.

An den Wänden hängen Fotos von unvergesslichen Fußballklassikern (in Farbe und Schwarzweiß), Trikots von Helden, Nachbildungen von Pokalen. Selbst die Tischplatten sind grün und tragen selbstverständlich Spielfeldmarkierungen.

Manche Leute verwechseln den Laden mit einer modernen Sports Bar. Die 11 Freunde haben mit einer solch neumodischen Institution jedoch nur die modernen Plasmabildschirme für die Übertragung der Bundesliga, der Champions League oder anderer Meisterschaften und Turniere gemein. Der Rest ist klassisch und einzigartig, denn hier treffen sich nicht irgendwelche Schickimickileutchen, wie sie einem beim Public Viewing haufenweise über den Weg laufen und den Fußballgenuss stören, sondern nur eingefleischte Kenner, die ein Spiel gemeinsam anschauen und danach bei Pils und Würstchen analysieren und diskutieren. Natürlich sind auch Einsteiger in die Welt

Thomas und Kyung-Ae Siepmann bewirten gern mehr als 11 Freunde in ihrem heimeligen Fußballmuseum, in dem sich die ganze Welt um das runde Leder dreht.

des Fußballs herzlich willkommen, denn die Philosophie der 11 Freunde bezieht sich nicht allein auf die Anzahl der zuschauenden Sportsfreunde, sondern auch auf ein anderes Herberger-Zitat, das da lautet: „Der Ball ist unser Dolmetscher."

DEUTSCHLANDS EINZIGE KNEIPE MIT EIGENER FERNSEHSENDUNG

Seit ein paar Jahren wird während der Fußballsaison der Bitburger Fantalk live aus der 11 Freunde Bar im Sender Sport1 übertragen. Nicht ohne Stolz kann Thomas Siepmann auf eine recht prominente Gästeliste verweisen, auf der sich Schwergewichte wie Reiner Calmund und Legenden wie Willi Lippens finden. Stolz ist man aber auch darauf, dass der Eintritt zur Sendung für Fans

frei ist (die Eintrittskarten kann man auf www.11freunde-diebar.de bestellen).

Dass die wunderbare und nostalgische Kneipe erst 2005 ihre Pforten öffnete, hat einen ganz einfachen Grund: Thomas fühlte sich an Ort und Stelle bis 2005 pudelwohl, denn er kegelte mit zehn Freunden dort, bis der frühere Besitzer ihnen mitteilte, dass er den Laden

FAZIT: Ein kleines Museum der Fußballkulturgeschichte auf etwa 50 Quadratmetern. Wer ein Freund des runden Leders ist, muss der 11 Freunde Bar einen Besuch abgestattet und hier das eine oder andere Pilsken gezischt haben.

SPEISEN UND GETRÄNKE: Hier gibt es klassische Ruhrpottgerichte auf den Teller. Pommes und Frikadellen, Würstchen etc. zum Pils. Mehr braucht ein echtes Fußballerherz auch nicht.

GEMÜTLICHKEIT: Mindestens so schön wie in der Fankurve beim Siegtreffer. Eine Zeitreise in die wunderbare Fußballwelt der 1970er und 1980er Jahre.

SERVICE: Freundlich, schnell und professionell. Gelbe und Rote Karten fürs Personal kann man getrost stecken lassen.

PREIS-LEISTUNGSVERHÄLTNIS: Billiger als in den Fankurven von Rot-Weiss. Ein Nullzweier (Stauder oder Bitburger) kostet 1,80 Euro, eine Fortuna-Frikadelle ist für 3,50 Euro zu haben und eine Currywurst Rot-Weiss wird für 3,30 Euro serviert.

BESONDERHEITEN: Hier ist alles besonders und einzigartig. Die Einrichtung und das Ambiente reichen völlig. Die Besonderheit des Fan-Talks ist angesichts des Gesamtkunstwerkes gar keine mehr, sondern allein ein zusätzliches Schmankerl.

ÖFFNUNGSZEITEN: Während der Fußballsaison ist der Laden dienstags bis freitags ab 19 Uhr geöffnet, samstags ab 14 Uhr und sonntags ab 15 Uhr. Montags rollt der Ball nicht.

ADRESSE: Kunigundastraße 27, 45131 Essen, Tel. 0201/2790389, www.11freunde-diebar.de

schließen würde. Kurzerhand beschlossen die elf Kegelbrüder, die Kneipe selbst zu übernehmen. Und wie es so oft kommt, blieb nur einer als Initiator übrig. Strenggenommen sind es aber zwei, denn Thomas betreibt die Kneipe zusammen mit seiner Frau Kyung-Ae. Ob die Gründungsgeschichte der 11 Freunde Bar aber nicht doch etwas mit Genetik zu tun hat, ist eine Frage, die durchaus erlaubt ist, denn Thomas' Urgroßvater ist der Gründer des MSV Duisburg, und so eine Vereinsgründung muss sich ja bis ins dritte Glied durchschlagen. Dass der fußballbegeisterte Wirt mit seinem Konzept voll ins Tor traf, bezeugte schon der erste Besucher, der die Kneipe 2005 mit folgenden Worten betrat: „Das ist ja wie Schöner Wohnen für Fußballfans.“

Für Freunde des runden Leders ist die 11 Freunde Bar ein Märchenland, in das man nicht nur zu den Übertragungen des Bundesliga oder zum Fan Talk gerne kommt, denn – um Sepp Herberger noch einmal zu bemühen: „Fußball ist deshalb spannend, weil niemand weiß, wie das Spiel ausgeht.“

KEGELBAHN UND ROCKKONZERTE

DAS ALT FRINTROP IN FRINTROP

Seit 1994 stehen Steffi und Harry Honermann hinter der Theke des Traditionslokals auf der Frintroper Straße; und damit alles so gut wie seit eh und je bleibt, stellt sich der gelernte Metzger Harry auch in die Küche und zaubert dort aus frischen Zutaten gutbürgerliche Gerichte, nach denen sich die Leute die Finger lecken. Zu den hungrigen Stammgästen zählen seit dem ersten Tag nicht nur Nachbarn aus dem Viertel, sondern auch Kegelbrüder, Biker, Geschäftsleute und vor allen Dingen eingefleischte Musikfans und Mitglieder der angesagtesten Bands des Ruhrgebiets.

Das altertümliche Moped über dem Eingang verrät, dass es im Alt Frintrop rustikal zugeht.

Angefangen hat das Alt Frintrop zu Beginn der 1980er Jahre als reine Musikkneipe. Erst als Steffi und Harry das Ruder übernahmen, wurde aus dem Rockladen auch ein Esslokal, wobei die Betonung auf „auch" liegt, denn dass gute Musik und gutes Essen nicht zusammen passen würden, ist ein Märchen, mit dem Harry überzeugend aufgeräumt hat. Spanferkel und Live-Musik bedeuten im Alt Frintrop nicht, dass zum Grillgut bayrische Blasmusik oder volkstümlicher Schlager geboten werden. Rock'n' Roll und Hardrock passen sehr wohl zum Jägerschnitzel und zur Currywurst. Weil Harry Honermann von dieser Philosophie keinen Millimeter abweicht, heißt der Laden auch weiter Alt Frintrop und erfuhr keine englische Umtaufe. Traditionell ist und bleibt auch, dass zur handgemachten Musik keine Fertignahrung passt. „Mein Mann bereitet alles frisch zu. Hier kommt nichts aus der Tüte ans Essen oder in die Soße", betont Steffi Honermann.

MUSIKKNEIPE

Trotz Kegelbahn und Restaurantküche ist und bleibt das Alt Frintrop eine Musikkneipe und ein Veranstaltungsort für Rockkonzerte. Seit der Übernahme des Ladens scheuen Steffi und Harry Honermann keine Kosten oder Mühen und holen die angesagtesten und abgefahrensten Bands und Musiker zu Live-Events nach Frintrop. Dabei beschränkt sich das Wirtsehepaar keineswegs auf Künstler aus der Region. Im Alt Frintrop traten schon Bands aus vielen europäischen Ländern und aus den USA auf. Gutbürgerliche Traditionsgastronomie und rockiger Sound sind eine Mischung, die das Lokal wahrhaft einzigartig macht. Man muss aber zum Kennenlernen nicht unbedingt eines der legendären Konzerte besuchen. Zum Hereinschnuppern bestens geeignet ist ein Feierabendbierchen ab 16 Uhr.

FAZIT: Eine wunderbare Kneipe, wie sie heute in Essen nur noch selten zu finden ist. Sonntags gibt es hier noch die herrliche Tradition des Frühschoppens.

SPEISEN UND GETRÄNKE: Klassische Ruhrgebietsküche mit wechselnder Tageskarte. Hier schämt man sich nicht für die Traditionen des Ruhrgebietes und setzt einen bodenständigen Arbeitersalat neben ein weltmännisches Schnitzel Bombay auf die Speisekarte. Im Ausschank ist selbstverständlich Stauder!

GEMÜTLICHKEIT: Rustikale Kneipe mit traditioneller hölzerner Innenausstattung. Eine wunderschöne Ruhrpottkneipe mit echter familiärer Gemütlichkeit.

SERVICE: Wie es früher in vielen Eckkneipen üblich war: Freundlich, schnell und familiär.

PREIS-LEISTUNGSVERHÄLTNIS: Unschlagbar! Das Nullzweier Stauder ist für 1,30 Euro zu haben. Harry's scharfe Currywurst mit Pommes gibt es für 4,70 Euro, sie ist somit billiger als in so mancher Pommesbude!

BESONDERHEITEN: Klassische Eckkneipentradition mischt sich hier mit rockigem Konzertveranstaltungsort, überregionalem Bikertreff und einer Bundeskegelbahn. Wer da noch was zu meckern hat, der ist selber schuld.

ÖFFNUNGSZEITEN: Dienstags bis freitags ab 16 Uhr, samstags, sonn- und feiertags ab 10.30 Uhr. Montag ist Ruhetag.

ADRESSE: Frintroper Straße 417, 45359 Essen, Tel. 0201/694310, www.alt-frintrop.de

DIE NACHTSCHWÄRMER-ZENTRALE

DIE AMPÜTTE IN RÜTTENSCHEID

Die Ampütte hat nichts mit Pütt (Zeche) und auch nichts mit einer Hütte zu tun. Seit weit über 100 Jahren, nämlich genau seit 1901, wird die Traditionsgaststätte auf der Rüttenscheider Straße von der Familie Ampütte betrieben, womit gleich einmal alle Diskussionen über den Ursprung des Kneipennamens beendet sind, denn bisweilen geistern noch immer die kuriosesten Vermutungen über die Bedeutung des Namens durch die Welt. 1995 hat Patrick Ampütte die Traditionskneipe in vierter Generation übernommen. „Einer musste es ja machen", sagt er. Dem passionierten Musiker (The Bong) waren Arbeitszeiten und Arbeitsort schließlich vertraut.

Die Ampütte ist wohltuend anders und hebt sich von der szenischen Gastronomie Rüttenscheids in erfrischend altmodischem Maße ab. Hier wird ausdrücklich kein Südostandalusischer Rotwein aus langstieligen Designergläsern genippt oder westafrikanischer Hirseauflauf von eckigen Tellerchen gekratzt, sondern das gute alte Stauder in Dutzendeinheiten konsumiert. Zwar ist die Zeit auch am unteren Ende der Rüttenscheider Straße nicht stehen geblieben, aber

Name und Tradition verpflichten: Patrick Ampütte.

vieles erinnert an die guten alten 1970er und 1980er Jahre, als man noch zum Klönen in eine Kneipe ging und sich dort mit Freunden und Bekannten aus dem Viertel traf. In der Ampütte arbeiteten drei Kellner, die alle Wolfgang hießen und zur fortgeschrittenen Stunde, als so mancher Zecher ohnehin schon alles doppelt sah, für einige Verwirrung sorgten und gewaltig zur vollständigen Sinnestrübung beitrugen. Damals war die Ampütte die einzige Kneipe weit und breit mit Nachkonzession und zog daher alle Nachtschwärmer an, wenn die umliegenden Wirtshäuser schlossen. Szene-Veteranen erinnern sich an Nächte, in denen die Kneipe so voll war, dass man erst reinkam, wenn andere Gäste die Wirtschaft verließen.

Es sind solche alten Geschichten, die noch heute gern an der Theke erzählt werden und dazu beitragen, dass der Laden ein echtes Stück Essener Geschichte ist und bleibt. Die Eckkneipen-Theke, die Registrierkasse, die Asbach-Uralt-Leuchtreklame über dem Spirituosen-

Regal wie auch das Mobiliar stammen aus einer anderen Zeit. Das Interieur ist in den 1960er Jahren letztmals renoviert worden.

NACHTLOKAL MIT LIVE-MUSIK

Alteingesessene Essener Nachtschwärmer sehen es als selbstverständlich an, Sonntagsmorgens um drei Uhr in der Ampütte noch warme Küche zu fairen Preisen serviert zu bekommen und nicht mit verstörenden Rückfragen behelligt zu werden, wenn man ein Mineralwasser oder ein Tässchen Kaffee bestellt, denn statt Espresso und Latte Macchiato gibt es hier noch unverfälschten Filterkaffee, der ohne viel Brimborium schnell und heiß auf den Tisch kommt.

Zwei bis drei Mal im Monat treten Bands in der Ampütte auf. Zumeist sind es Blues-Formationen oder Cover-Bands, die dann aber keine behäbigen Schlager zum Besten geben, sondern Stücke, die Rock'n' Roll und Rock-Geschichte geschrieben haben. Obgleich der Laden schon um 18 Uhr öffnet, bleibt er doch in erster Linie ein klassisches Nachtlokal, wie es viele Leute heute in anderen Vierteln Essens vermissen und wie es jüngere Menschen nur noch aus alten Schimanski-Tatorten kennen. Wer auf eine nostalgische Zeitreise in seine eigene Kneipenvergangenheit als Schüler, Lehrling oder Student gehen möchte, dem sei ein Besuch in der Ampütte empfohlen. Besonders an Konzertabenden leben die 1970er und 1980er Jahre wieder auf.

FAZIT: Für jeden Nachtschwärmer ein absolutes Muss!

SPEISEN UND GETRÄNKE: In der Ampütte herrscht Bodenständigkeit. Cocktails heißen hier Longdrinks und werden in überschaubarer Auswahl zu fairen Preisen verkauft. Neben einer Hauptkarte mit Gerichten wie Zigeunerschnitzel mit Pommes oder Gulaschsuppe gibt es je nach Jahreszeit auch eine Saisonkarte, auf der sich dann Muscheln, Matjes oder Spargel finden lassen. Selbstverständlich hat das Essener Familienunternehmen Stauder im Ausschank.

GEMÜTLICHKEIT: Echte alte Ruhrpottgemütlichkeit in Rüttenscheid. Wohltuend altmodisch hebt sich die Ampütte von all den anderen Szenelokalen in ihrer Nachbarschaft ab. Der ideale Ort, um seinen Kindern zu zeigen, was früher eine echte Ruhrpottkneipe war.

SERVICE: Schnell, gut und freundlich, schließlich weiß man seit über 100 Jahren, wie Kneipe geht.

PREIS-LEISTUNGSVERHÄLTNIS: Super! Nürnberger Rostbratwürstchen mit Püree und Sauerkraut kosten 8,50 Euro, ein Null-Dreier Stauder ist für 2,20 Euro zu haben, ein Campari-Orange wird für 3,20 Euro gemixt.

BESONDERHEITEN: Neben der bis in die Puppen geöffneten Küche findet in der Ampütte noch die alte Tradition des Thekengespräches über Politik, Fußball oder was auch immer Beachtung.

ÖFFNUNGSZEITEN: Täglich ab 18 Uhr, freitags und samstags bis 4 Uhr geöffnet. Sonntag ist Ruhetag.

ADRESSE: Rüttenscheider Straße 42, 45128 Essen, Tel. 0201/775572, www.ampuette-essen.de

WO DAS HERZ AUFGEHT

DAS ANYWAY IN FROHNHAUSEN

Seit 1995 bewahren die drei Betreiber Annette, Kerstin und Wolfgang die Nachbarschaft auf der Berliner Straße vor anonymer Kettengastronomie und eintönigem Konservengedudel. Zwar würde dem Trio schon dafür die Frohnhausener Ehrenbürgerschaft gebühren, doch viel wichtiger und schöner ist die Tatsache, dass die Betreiber eine Kultkneipe geschaffen haben, in der neben Bier, Schnaps und Wein auch regelmäßig Konzerte sowie Kunstausstellungen stattfinden. Kurz: Wer die Essener Kneipenszene noch aus früheren Jahren kennt, dem geht im Anyway das Herz auf.

Den eingeborenen und eingefleischten Frohnhausenern ging es bei der Gründung ihres Lokals darum, einen Treffpunkt fürs Viertel zu schaffen; dass sie dabei voll ins Schwarze trafen, war zu Anfang alles andere als sicher. „Wir sind keine Karrieremenschen und außer ein paar Kellnerjobs hatten wir damals keinerlei Erfahrung in der Gastronomie“, erinnert sich Annette Schelinski an die Anfänge und fügt hinzu: „Aber seit nunmehr 20 Jahren ist die Bude

fast jeden Abend voll und das Altersspektrum unserer Gäste reicht von 18 bis 65." Ein solcher Erfolg stellt sich nicht von ungefähr ein, denn schon im Eröffnungsjahr reichte es nicht aus, mit Bierchen, Frikadellen und Mettwürstchen zu winken, um die Leute an den Tresen zu locken. Neben einer Speise- und Getränkekarte gibt es daher seit eh und je mehr oder weniger laute Konzerte, die von Jazz bis Punk reichen. Den Künstlern begegnet man dabei auf Augenhöhe, denn das Lokal mit einem Fassungsvermögen von etwa 100 Gästen verfügt über keine Bühne, so dass ein Konzerterlebnis stets etwas Familiäres hat. Daneben gehören regelmäßige Mottopartys zum Repertoire des Anyway.

Als wir im Dezember vor einem Konzert der Band „Ton Steine Scherben" an der Theke hocken, ist das Publikum gemischt. Zwischen den Mitdreißigern und Vierzigern sitzen auch Leute, die wohl noch die Schulbank drücken. Kurz vor dem Auftritt schneit dann ein Pärchen in den Laden, das bereits zu den legendären Rio-Reiser-Zeiten Fan der Gruppe war und schon seit der Gründung des Anyway zu den Stammgästen zählt. „Wir haben uns hier ein Stückchen 80er Jahre reserviert", erklärt der Mann, den wir uns nicht zu fragen trauen, ob er seine olivgrüne Vietnam-Kampfjacke extra zum nostal-

gischen Konzert übergestreift hat oder ob für ihn die Zeit stehen geblieben ist. Und seine Frau ergänzt: „Für uns ist das Anyway so etwas, wie früher das Kalei. Hier kommt man rein und fühlt sich wohl."

Für Aufsehen sorgen die Althippies zu unserer Verwunderung nicht. Und als die Scherben dann endlich mit ihrer Mucke loslegen, wird klar, was das Anyway so einzigartig und so wunderbar altmodisch macht: Zwischen Band und Publikum entsteht in Nullkommanichts eine Verbundenheit, wie man sie seit den 1970er Jahren nur noch selten erlebt. Und obwohl an diesem Abend nur knapp 40 Leute den Weg zur Berliner Straße gefunden haben, geht die Post bei Songs wie „Keine Macht für Niemand" oder „Der Traum ist aus" so richtig ab, und die strahlenden Gesichter der von weit angereisten Musiker verraten, dass sie sich angesichts des mitgroovenden Publikums an ihre Anfangszeiten erinnert fühlen.

Es müssen aber nicht immer Legenden sein, die in den altehrwürdigen Räumen des Anyway für Stimmung sorgen. Sehr oft lautet das Motto auch „Live and Local – Musiker aus der Region geben sich die Ehre", dann spielen Bands auf, die für viele eine Neuentdeckung, für manche aber bereits Kult sind.

FAZIT: Mehr als eine Kneipe. Das Anyway ist Kult mit Herzlichkeit und einem Schuss Nostalgie.

SPEISEN UND GETRÄNKE: Bitburger, Warsteiner und Frankenheimer vom Fass sowie einige Exoten aus der Pulle (z. B. Grolsch, Kilkenny oder Altenmünster) machen das Anyway zu einer wunderbaren Bierkneipe. Für den kleinen bis mittleren Hunger gibt es verschiedene Leckereien (z. B. einen Salat mit Schafskäse und Thunfisch oder ein Fladenbrot mit Schinken).

GEMÜTLICHKEIT: Bei Konzerten oft laut und quirlig, ansonsten ruhig und gemütlich.

SERVICE: 20 Jahre Kneipenerfahrung zahlen sich aus. Das Team ist freundlich und weiß, wie Kneipe funktioniert.

PREIS-LEISTUNGSVERHÄLTNIS: Besser geht's nicht! Für ein Null-Dreier-Bier müssen 2,20 Euro berappt werden, ein Whiskey Cola schlägt mit 2,50 Euro zu Buche. Die Speisen sind ähnlich günstig: Salate kosten zwischen drei und fünf Euro, belegte Fladenbrote zwischen drei und vier Euro.

BESONDERHEITEN: Regelmäßig finden in Erinnerung an das legendäre Kaleidoskop (später Sigis Kalei oder kurz Kalei genannt) Kalei-Revival-Parties statt. Wem es sonntags daheim vor der Glotze zu langweilig ist, der kann sich zum Tatort-Rudel-Gucken unter dem Motto „Kult meets Kult" an der Theke einfinden – leider ohne Kommissar Haferkamp.

ÖFFNUNGSZEITEN:
Täglich ab 19 Uhr.

ADRESSE: Berliner Str. 82,
45145 Essen,
Tel. 0201/5201394,
www.anyway-kneipe.de

Zusammen 60 Jahre Theken-, Kunst- und Konzerterfahrung: das Thekentrio.

ALLE ZWEI MONATE EINE NEUE KUNSTAUSSTELLUNG

Im Acht-Wochen-Rhythmus hängen neue Bilder an den Wänden, und stets handelt es sich um Werke von Künstlern, die in irgendeiner Form mit dem Anyway oder dem Ruhrgebiet in Verbindung stehen. Mal sind es Ölgemälde, mal Comics oder Fotografien, die ausgestellt und – zu erschwinglichen Preisen – zum Verkauf angeboten werden. Manchmal werden die Kunstausstellungen mit großem Tamtam eröffnet, aber viel öfter stellen die Stammgäste fest, dass nach zwei Monaten der Laden neu dekoriert wurde. Was sich an der Einrichtung des Anyway aber nie ändert sind zwei wunderbar nostalgische Dinge: ein Flipper ohne Schnickschnack und ein Pooltisch. Beide sorgen dafür, dass man angesichts des Flairs und der Mucke nicht nur in Erinnerungen schwelgt, sondern auch etwas zu tun bekommt.

TRADITION UND LIVE-MUSIK

DER BAHNHOF SÜD IM SÜDVIERTEL

Über ein Vierteljahrhundert war der Bahnhof Süd unter der Regie seines Gründers Thomas Draheim eine Institution im Essener Südviertel. In einer wunderbaren und heimeligen Atmosphäre, in der sich Studenten und Menschen aller Altersgruppen aus der Nachbarschaft wohl fühlten, wurde gegessen, getrunken, gelacht und diskutiert. Vor allem für eines sind die Stammgäste dem Gründungsvater

bis heute dankbar: Thomas Draheim hat Live-Musik und angesagte Bands aus dem ganzen Ruhrpott ins Südviertel geholt und für unvergessliche Konzertabende gesorgt.

Als Thomas im Oktober 2012 seinen Platz hinter dem Tresen für immer räumte, glaubten viele, dass es mit der Traditionskneipe auch vorbei sei. Und tatsächlich sah es geraume Zeit danach aus, als sollte der Bahnhof Süd seinem Schöpfer in den Ruhestand folgen. Einige der beliebtesten Kellnerinnen gingen mit ihrem Chef und verschwanden für immer, was sogar in der Presse für einiges Aufsehen sorgte. Aber schnell beruhigten sich die Gemüter wieder, und heute ist im Großen und Ganzen (fast) alles wie anno dazumal. Inzwischen haben sich sogar alte Stammgäste an das neue Management gewöhnt, denn die heutigen Betreiber wissen, dass man in den Fußstapfen von Thomas Draheim sicher geht und haben vorsichtshalber wenig verändert.

Natürlich ist auch am Bahnhof Süd der Zug der Zeit nicht stehen geblieben. Wurde früher hier an der Theke viel über Fußball geplaudert und gestritten, versammelt man sich heute, um via Sky die Bundesliga mit anderen Tresensportlern zu verfolgen. Eine Sports-Bar ist aus der ehemaligen Nachbarschaftskneipe aber Gott sei Dank noch nicht geworden. Vielmehr werden Menschen, die den Laden seit einem oder zwei

FAZIT: Schöne Kneipe um zu klönen, zu essen oder um Musik zu hören.

SPEISEN UND GETRÄNKE: Es werden leckere und bezahlbare Hausmannsgerichte serviert (Schnitzel, Burger, Nudeln, Suppen usw.). Neben Stauder und Frankenheimer Alt gibt es Guinness im Ausschank.

GEMÜTLICHKEIT: Rustikale Kneipe, in der sich Antiquitäten mit modernem Interieur mischen. Seit den 80er Jahren hat sich nicht viel geändert, so dass der Laden das Prädikat gemütliche Traditionsgaststätte verdient.

SERVICE: Freundliche und schnelle Bedienung.

PREIS-LEISTUNGSVERHÄLTNIS: Gut! Für ein Nullzweier Stauder müssen 1,60 berappt werden, ein Nullzweier Guinness kostet 2,20 Euro und für ein Wiener Schnitzel mit Pommes bezahlt man 9,90 Euro.

BESONDERHEITEN:
Regelmäßig finden kleine aber feine Konzerte im Bahnhof statt. Dabei kann man dann durchaus tolle Bands aus dem Ruhrgebiet entdecken. Der Stil reicht von Blues über Funk bis Soul.

ÖFFNUNGSZEITEN:
Montags bis donnerstags 16 bis 24 Uhr, freitags 16 bis 1 Uhr, samstags 10 bis 4 Uhr, sonntags 10 bis 24 Uhr.

ADRESSE: Rellinghauser Straße 175, 45128 Essen, Tel. 0201/236575, www.bahnhof-süd.de

Jahrzehnten nicht mehr betreten haben, ihren alten Bahnhof noch immer wiedererkennen. Vor allem im Sommer trifft sich hier immer noch das Viertel im Biergarten unter den Bäumen.

KONZERTE MIT BANDS AUS DEM POTT

Besonders die Konzerte ziehen nach wie vor viele Essener und Leute aus den Nachbarstädten in den Bahnhof, denn hier wird keine seelenlose Mucke von Computern abgeleiert, sondern ehrlicher Jazz, Funk, Blues oder auch Soul geboten. Zu ordentlichem Essen und ehrlichem Bier gibt es hier Musikgenuss, der zumeist Made im Ruhrgebiet ist. Bands wie Fataal, Notown oder Small is Beautiful sorgen dafür, dass der Pott kocht.

Auch für Tanzvergnügen steht der Bahnhof seit Jahren. Die Disko findet nicht mehr wöchentlich statt, zieht aber immer noch die älteren Semester an, die die Tanzfläche in eine Zeitmaschine verwandeln und sich so wild bewegen, wie es vor 30 oder 40 Jahren üblich war.

Der Bahnhof Süd ist und bleibt (hoffentlich) noch lange, was er immer war, nämlich eine bodenständige Kneipe mit ebenso bodenständiger Speise- und Getränkekarte. Für einen Schickimickiladen hat er eine viel zu alte Tradition und viel zu treue Stammgäste.

WIE ANNO DAZUMAL, NUR SCHÖNER

DAS KNEIPENRESTAURANT BRENNER IN RÜTTENSCHEID

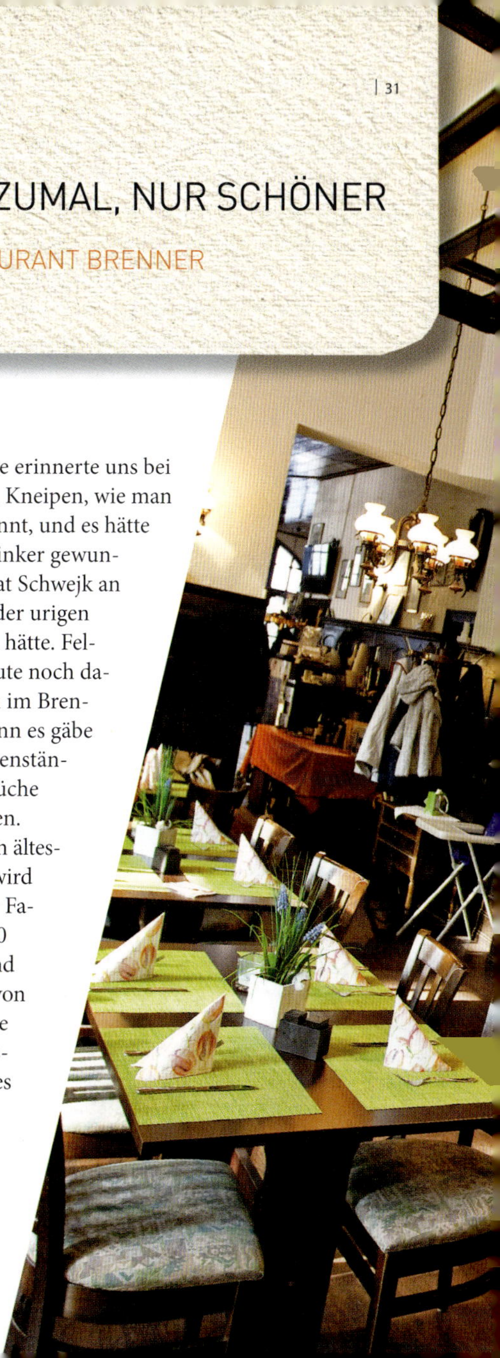

Die holzgetäfelte Gaststätte erinnerte uns bei unserem ersten Besuch an Kneipen, wie man sie aus Wien oder Prag kennt, und es hätte keinen unserer drei Testtrinker gewundert, wenn der brave Soldat Schwejk an der Theke oder an einem der urigen Massivholztische gesessen hätte. Felsenfest gehen wir auch heute noch davon aus, dass Schwejk sich im Brenner wohlfühlen würde, denn es gäbe reichlich Bier und die bodenständige aber zugleich feine Küche würde ihm bestens munden.

Das Brenner zählt zu den ältesten Lokalen in Essen und wird seit über 40 Jahren von der Familie Bischoff geführt. 2010 übernahmen Alexander und Daniel Bischoff das Lokal von ihren Eltern und setzten die Tradition eines Kneipenrestaurants nahtlos fort. Was es mit der eigenwilligen Bezeichnung Kneipenrestaurant auf sich hat, merkt jeder Besucher schnell, wenn er sich an die

Theke (die hier Bierbrunnen heißt) hockt und ein Gericht von der Stamm- oder der Saisonkarte bestellt, denn was im Brenner aus der Küche kommt, hört sich zwar bodenständig an, hat aber eine ganz eigene und gehobene Note. Dass solch hohe Qualität nicht von ungefähr kommt, dafür sorgt Alexander Bischoff, der sein Kochhandwerk zunächst im Essener Sheraton erlernte, bevor es ihn dann in die weite Welt zog. Stationen seiner Kochweltreisen waren unter anderem Norwegen, Argentinien und New York. Zusammen mit seinem Bruder ist er nun in der ehemals elterlichen Gaststätte rundum zufrieden und lässt die Bürger seiner Heimatstadt an den kulinarischen Erfahrungen seiner über 10-jährigen gastronomischen Odyssee profitieren. Piccata vom Peterfisch mit frischen Champignons und Tomatenspaghetti für schlappe 13 Euro oder ein Mettwurstpfannkuchen für 7,50 Euro – wer da etwas zu meckern findet, dem kann man das Konzept eines Kneipenrestaurants wohl nicht nahe bringen.

In der Hauptsache sind es Stammgäste, die den Bierbrunnen bereits am Nachmittag bevölkern und beim Pils oder beim Schnäpschen in der uralten Kneipe, die ihre erste Schankgenehmigung 1906 zu Kaisers Zeiten erhielt, klönen, Skat spielen oder über Fußball reden, denn im

FAZIT: Eine wunderbare Traditionskneipe, die man einfach gesehen und erlebt haben muss. Hier kann man sowohl mit Freunden ein Bierchen zischen als auch mit dem Partner Essen gehen.

SPEISEN UND GETRÄNKE: Sehr gute Küche zu fairen Preisen. Im Ausschank ist neben Köpi, Veltins und Frankenheimer sogar Kölsch.

GEMÜTLICHKEIT: Für Freunde der klassischen Eckkneipenkultur ist die Gemütlichkeit nicht zu toppen. An der Theke kommt man (wie früher überall im Ruhrgebiet) schnell ins Gespräch.

SERVICE: Freundlich und familiär.

PREIS-LEISTUNGS-VERHÄLTNIS: Gut! Ein Rumpsteak mit Pommes und Salat gibt es für 17,50 Euro, für ein Nullzweier Pils, Alt oder Kölsch zahlt man 1,50 Euro.

BESONDERHEITEN: Das Brenner lebt von seiner Tradition, die sich durch den urgemütlichen Schankraum fast ganz von selbst erhält.

ÖFFNUNGSZEITEN: Montags bis freitags ab 16 Uhr, samstags ab 12 Uhr und sonntags ab 17 Uhr.

ADRESSE: Hedwigstr. 37, 45130 Essen, Tel. 0201/784246, www.gasthaus-zum-brenner.de

Brenner werden alte Kneipentraditionen hoch gehalten und von den Gästen gepflegt. Vom viel diskutierten und beklagten Sterben der Eckkneipen im Ruhrgebiet ist in der kerngesunden und uralten Institution nichts zu spüren, und ein Ausflug in die Hedwigstraße hat deshalb auch immer etwas von einer Zeitreise in die 1960er und 1970er Jahre – besonders in den frühen Abendstunden, wenn sich ältere Herren dort einfinden, die aus der Familie Herbert Knebels stammen könnten und die so gar nicht in die moderne Rüttenscheider Nachbarschaft passen wollen.

FUSSBALL UND MEHR

Zugeständnisse an die Moderne machen die Gebrüder Bischoff jedoch auch. Spätestens, wenn auf der Mattscheibe der Ball rollt, wird die Traditionskneipe, deren Fußboden noch immer der originale von 1906 ist, zu einer Fußballkneipe (nicht zu einer Sports Bar!), denn dann gucken Jung und Alt gemeinsam und der Bierbrunnen wird zu einem fußballphilosophischen Forum. Spätestens bei den Bundesligaübertragungen kann jeder Besucher verstehen, warum Alexander Bischoff nach so vielen Jahren in der bunten und weiten Welt an die Theke seiner Heimatkneipe zurückgekehrt ist und sie hoffentlich nie wieder verlässt.

GEMÜTLICHER GLASKASTEN

DAS CAFÉ CLICK IM SÜDVIERTEL

Das Click zählt zu den traditionsreichen Szenelokalen im Essener Südviertel und stand schon am Isenbergplatz, als dieser von den Anwohnern zwar schon so getauft, aber noch nicht offiziell ins Straßenverzeichnis aufgenommen worden war (was erst 2013 geschah). War das Café früher tagsüber ein Treffpunkt für Schüler und Studenten und wurde abends zum Szenetreff, so findet man bis heute das moderne szenetypische Publikum, wie es auch in der benachbarten Gold Bar verkehrt. Nach einem Betreiberwechsel wurde vor ein paar Jahren kräftig umgebaut. Dem Vorbau aus Glas verpasste man einen komplett neuen Auftritt. Auch innen hat sich viel verändert. Der 1980er-Jahre-Look ist völlig verschwunden und wurde durch einen schönen Holzfußboden und modernes Mobiliar ersetzt.

Vielen der alten Stammgäste gefällt diese Neuerung nicht besonders, und es gibt böse Zungen, die munkeln, dass das der Name Click vom Schickimickipublikum herrühre, das sich im Gewächshaus gern von außen betrachten und fotografieren ließ. Dies ist jedoch völliger Quatsch, denn

Günni Semmler, ein Urgestein des Ruhrgebiets, steht nun als Denkmal dort, wo man ihn kannte: vor dem „Click“ am Isenbergplatz.

FAZIT: Eine schöne Kombination aus Kneipe und Café, die sich in die Nachbarschaft der übrigen Läden rund um den Isenbergplatz wunderbar eingliedert und besonders im Sommer zum Verweilen vor der Türe einlädt.

SPEISEN UND GETRÄNKE: Kaffee, Kuchen, Bier und Cocktails, dazu bodenständige Küche und ein wechselnder Mittagstisch.

GEMÜTLICHKEIT: Manche fühlen sich in der gläsernen und lichtdurchfluteten Architektur sehr wohl, für andere hat sie den Charme eines Gewächshauses.

SERVICE: Freundlich, aber nicht immer schnell und professionell. Besonders im Sommer muss man ein wenig Geduld mitbringen.

PREIS-LEISTUNGSVERHÄLTNIS: Okay. Für eine Gemüse-Tortilla mit Salatbeilage zahlt man 9,50 Euro, ein Nullzweier Pils (Köpi oder Stauder) kostet 1,80 Euro.

BESONDERHEITEN: Der schöne Außenbereich macht den Laden im Sommer mitten in der Stadt zu einer Stätte der Ruhe und Erholung.

ÖFFNUNGSZEITEN: Dienstags bis donnerstags von 10 bis 1 Uhr, freitags und samstags von 10 bis 3 Uhr und sonntags von 10 Uhr bis Mitternacht. Am Montag ist das Café geschlossen.

ADRESSE: Beethovenstr. 1, 45128 Essen, Tel. 0201/54505195
(die Betreiber verzichten auf eine Website, sind aber bei Facebook zu finden)

im sogenannten Aquarium sitzen sowohl Kaffee- und Biertrinker aus der unmittelbaren Nachbarschaft (also Künstler und solche, die sich dafür halten) als auch Essener aus anderen Stadtteilen, die sich nach einer Einkaufstour in Rüttenscheid ihr Abschlussbier lieber im ruhigen und gemütlichen Südviertel zu sich nehmen und somit das durchweg gemischte Publikum im neuen Essener Süden bereichern.

Geboten wird im Café, das durchaus während der hellen Tagesstunden als solches bezeichnet werden darf, guter Kaffee, ordentlicher Kuchen und ein Mittagstisch, der bereits ab elf Uhr zu haben ist. Abends verwandelt sich der Laden dann in eine Kneipe und zieht ein eher junges Publikum an, die dann Bierchen und Cocktails zu durchaus fairen Preisen schlürfen.

CAFÉ UND KULTURKNEIPE

Schon unter den früheren Besitzern war es üblich, im Laden nicht nur Kaffee und Bier zu servieren, sondern sich auch am Kulturleben zu beteiligen. Deshalb finden seit eh und je Konzerte und Kunstausstellungen statt. Zwar ist das Click nicht gerade ein Konzertladen, wie etwa das Südrock oder das Soul Hellcafé in der Nachbarschaft, doch sind die kleinen aber feinen Veranstaltungen durchaus einen Besuch wert, denn mitunter treten hier noch unentdeckte Perlen aus dem Ruhrpott auf und sorgen so dafür, dass das Café Click weit mehr ist als ein Glaskasten im Süden von Essen.

AUF DEM TISCH TANZEN ERLAUBT

DAS CAFÉ NORD IM NORDVIERTEL

„Das Bier schafft uns Genuss, die Bücher nur Verdruss", dichtete einst Goethe. Und weil man auch heute unweit der Uni mehr von Bier als von Büchern hält, steht am Viehofer Platz ein Bollwerk gegen den Verdruss.

Wie das 1991 eröffnete Nord zu seinem Beinamen Café kam, ist selbst seiner Wirtin Verena Steinhauer ein Rätsel. Seit neun Jahren leitet sie die Geschicke des Traditionsladens und betont, dass das Nord eigentlich immer nur Nord geheißen habe, bis die Gäste ihm ein Café andichteten. Und weil Verena ihre dichtenden Gäste nicht enttäuschen wollte, beugte sie sich deren Namenswunsch, sodass der Laden nun auch bei Facebook mit dem Zusatz Café zu finden ist. Wer möchte, bekommt dort zwar auch das eine oder andere Tässchen Kaffee, Tee oder Kakao serviert, die meisten Leute kommen aber, um sich beim Bier über Gott und die Welt zu unterhalten.

Auf insgesamt 450 Quadratmetern ist dazu reichlich Platz und an der gut 15 Meter langen Theke wurden schon viele Freundschaften

Seit neun Jahren ist Verena Steinhauer die Steuerfrau im Nord.

geschlossen. „Zu uns kommen nicht nur Studenten und junge Leute. Das Nord ist eine Kneipe fürs Viertel und ein Treffpunkt für Menschen zwischen 18 und 60“, erzählt Verena und weiß, dass der Erfolg vor allem der harten Arbeit ihres fast 20-köpfigen Teams zu verdanken ist, denn die Crew ist unermüdlich damit beschäftigt, ihren Gästen etwas Besonderes zu bieten. Angefangen mit einer großen und abwechslungsreichen Speisekarte über Mottoabende wie dem mittwochsabendlichen „My Burger Wednesday“, dem allsonntäglichen „All you can eat Pizzaabend“ oder dem veganen „Hin und Veg-Dienstagabend“ bis zu Konzertveranstaltungen, bei denen namhafte Bands wie Onkel Tom, Dimple Minds und The Porters auftreten. Als wir im letzten Frühjahr zu einem Konzert der Dimple Minds im Nord waren, erlebten wir das Feeling der frühen 1990er Jahre wieder – für uns als Testtrinker wurden die Zeiten wieder wach, in denen man zum Musikgenuss noch vor die Türe ging und sich nicht von MTV und youtube berieseln ließ. Die Fun-Punker aus Bremen heizten

FAZIT: Eine wunderbare und unkonventionelle Kneipe. Hier kann man unter der Woche entspannt plaudern und am Wochenende ungezwungen auf den Tischen tanzen (das ist wörtlich gemeint und wird auch gern gesehen).

SPEISEN UND GETRÄNKE: Von veganen bis fleischlichen Gelüsten wird alles gestillt. Die Speisekarte ist groß und deckt vom Frühstück bis zu sehr spätem Nachtmahl alles ab. Die Getränkekarte muss sich vor der großen Speisekarte nicht verstecken. Neben dem für Essen obligatorischem Stauder gibt es Borbecker Dampf- und Salonbier vom Fass, aber auch ein paar Exoten aus Fass und Pulle (z. B. Guinness, Berliner Weiße, Becks). Wunderbar ist auch die Spirituosenkarte, die von Likörchen bis zu Malt Whiskys reicht.

GEMÜTLICHKEIT: Das Nord hat seinen eigenen ganz nordischen Charme, der sich wohltuend vom uniformen Stil der Kneipen in Rüttenscheid absetzt. Da man hier im Grunde alles beim Alten lässt, hat sich eine wunderbare heimelige Atmosphäre entwickelt, die weder Betreiber noch Stammgäste jemals missen möchten.

SERVICE: Das Nord war, ist und bleibt eine Rockkneipe, in der man ein freundliches und entspanntes Verhältnis zu den Gästen pflegt.

PREIS-LEISTUNGSVERHÄLTNIS: Unschlagbar! Für ein Null-Vierer-Borbecker-Dampfbier müssen 2,60 Euro berappt werden, Cocktails schlagen mit vier bis fünf Euro zu Buche. Die Speisen sind ähnlich günstig: Ein Cheeseburger kostet 4,40 Euro, eine vegane Pizza ist für 5,50 Euro zu haben.

BESONDERHEITEN: Neben Konzerten und Mottopartys machen die Speisekarten-Abende für kleines Geld (Pizza-, Steak-, Burgerabend usw.) das Besondere am Nord komplett.

ÖFFNUNGSZEITEN: Sonntags bis donnerstags von 11 bis 3 Uhr, freitags und samstags von 11 bis 4 Uhr (durchgehend warme Küche).

ADRESSE: Viehofer Platz 1, 45127 Essen,
Tel. 0201/231207 (Billard-Raum:
Tel. 0201/233707),
www.cafe-nord.com

dem fast durchweg jungen Publikum ordentlich ein und bei Texten, die sich beinahe alle um das schöne, süffige und zum Mitbrüllen wunderbar geeignete Thema Alkohol drehten, wurde uns um die Zukunft der Musikkneipenkultur im Essener Nord(en) nicht bange.

Auf zwei Etagen kann man sich amüsieren oder beim Poolbillard sportlich betätigen. „Die sechs Tische werden regelmäßig neu bezogen, sodass man bei uns ordentlich spielen kann", betont Verena den Unterschied zu früheren Zeiten, als in Kneipen noch uralte und wacklige Tische standen. Außer den Billardtischen in der ersten Etage stehen im Erdgeschoss Flipperautomaten und Kickertische, die eine gemütliche Kneipenstimmung vermitteln.

OPEN AIR KONZERTE ALS DANKESCHÖN FÜR DIE STAMMGÄSTE

Für Stammgäste, Gäste und solche, die es noch werden wollen, veranstaltet das Nord-Team seit sechs Jahren am letzten Juliwochenende ein Open-Air-Festival, an dem ein gutes Dutzend angesagter Bands spielen (z. B. Dog eat Dog, Biohazard, Tankard, Die Apokalyptischen Reiter). Für Leute, die auch ohne Konzertuntermalung gern an der relativ frischen und nordischen Essener Innenstadtluft sitzen oder für solche, die gern ein Zigarettchen dampfen, stehen im Sommer vor dem Nord 160 Außensitzplätze zur Verfügung. Im Winter steht vor der Türe ein Heizstrahler, damit nicht nur die Kippen warm bleiben.

MIT MUSIKALISCHER WUNDERTÜTE

DIE D.BAR IN HOLSTERHAUSEN

Wer die D.Bar zum ersten Mal betritt, der weiß nicht, ob er in das Wohnzimmer eines Profimusikers geraten ist, oder ob es die gesuchte Bar in Holsterhausen ist. Doch dann fallen einem die Speisekarten in Form von LP-Covern auf und man weiß, dass es eine Musikkneipe der ganz besonderen Art ist, in die man seinen Fuß gesetzt hat. Und spätestens, wenn man seinen Blick schweifen lässt, bleibt er garantiert an einem Schwarzweißportrait von Ray Charles hängen, das eine ganze Wand einnimmt und so auch dem größten Musikbanausen klar macht, dass man hier nicht mit Wolfgang Petry oder den Flippers beschallt wird.

Der Gastgeber in der D.Bar heißt Oliver Sidiropoulos, und er weiß, was er hier geschaffen hat. Als gelernter Restaurantfachmann und Vollblutmusiker musste er nicht lange überlegen, als die Bar 2008 zum Verkauf anstand. Schnell drückte er der 2005 gegründeten Musikkneipe seinen eigenen Stempel auf. Im Laufe der Zeit hat Oliver Sidiropoulos ein Musikernetzwerk gegründet, auf das er bauen kann und das vor allem seinen Gästen in Form von Konzerten und Sessions entgegenkommt. Oliver weiß, wovon er redet, denn er hat die Musik von der Pike auf gelernt. Bevor er die D.Bar übernahm, spielte er selbst viele Jahre in Bands und

Musikalischer Wirt: Oliver Sidiropoulos.

war auch Sänger der Essener Band Superfly 69, die einst mit Größen wie den legendären Guano Apes aus Göttingen auf Tour war.

EINTRITT FREI

Jeden Dienstag ab 20 Uhr spielen Schüler der Folkwangschule Jazziges zu freiem Eintritt. Es versteht sich aber von selbst, dass kein geschultes Ohr den Veranstaltungsort verlässt, ohne die jungen Talente mit einem Trinkgeld bedacht zu haben.

Mittwochs geht es um 20 Uhr weiter mit der „Mutter aller Essener Sessions“. Dann findet nämlich die legendäre Jam Session statt, bei der tatsächlich gejammt und nicht gecovert wird. Seit gut einem Jahrzehnt hat die D.Bar diese musikalische Wundertüte im Programm, und zur Freude von Oliver Sidiropoulos kommen nicht nur ältere Semester, um zu zeigen, was sie können. Mitzubringen ist einzig Talent und evtl. eine Gitarre. Die D.Bar stellt PA, E-Drums, Bass, Keyboard und Mikrofone (keine Voranmeldung nötig!).

Trotz aller musikalischer Vorbelastung des Wirts und eines beträchtlichen Teils seiner Stammgäste ist die D.Bar keine reine Musikkneipe. Hier finden auch völlig unmusikalische Menschen freundliche Aufnahme und sind herzlich eingeladen, im „Wohnzimmer“ des Chefs entspannt zu essen, zu trinken, zu plaudern und natürlich auch sehr gute Musik zu hören. Und weil alles so familiär ist, kostet es bei keiner einzigen Gelegenheit auch nur einen einzigen Cent Eintritt.

FAZIT: Den Laden muss man gesehen und die Musik gehört haben. Ein absolutes Muss für alle Leute, die sich im Ruhrpott für Musik interessieren.

SPEISEN UND GETRÄNKE: Es werden einfache Gerichte gereicht (Burger, Salate, Fingerfood). Dazu gibt es Bier, Cocktails und Wein.

GEMÜTLICHKEIT: Ein sehr gemütlicher, wenn auch etwas stylischer Laden, der aber seine ganz eigene Wohnzimmergemütlichkeit ausstrahlt.

SERVICE: Schnelle und freundliche Bedienung. Es gibt rundum nichts zu meckern.

PREIS-LEISTUNGSVERHÄLTNIS: Okay. Für ein Nulldreier Stauder müssen 2.10 Euro bezahlt werden, ein Cheeseburger kostet drei Euro. Eine schöne Besonderheit ist der Umstand, dass alle Cocktails zum Einheitspreis von 6,50 Euro gemixt werden.

BESONDERHEITEN: Sowohl von seiner Einrichtung als auch von seinem Konzept her ist der Laden etwas ganz Besonderes. Hier wird nicht in heruntergekommener Atmosphäre gemeinsam musiziert, sondern man spielt in einer wirklich schönen und absolut stilvollen Location, was sich auch ganz deutlich in der dargebotenen Musik widerspiegelt.

ÖFFNUNGSZEITEN: Täglich ab 18 Uhr. Sonntag ist Ruhetag.

ADRESSE: Kahrstraße 80, 45128 Essen, Tel. 0163/8813620, www.dbar-essen.de

BAYRISCHER BIERGARTEN

DIE DAMPFBIERBRAUEREI IN BORBECK

Seit 1983 wird selbstgebrautes Bier in der Borbecker Dampfbierbrauerei ausgeschenkt, die viele Einheimische auch nur „die Dampfe" nennen. Neuerfindungen der heutigen Betreiber sind die durchweg süffigen Biersorten Salon, Zwickel, Erntedank, Fasten oder Maibock jedoch nur bedingt, denn in der eigentlichen Brauerei wurde bereits 1895 das erste Bier gebraut. Die Dampfe ist somit ein Stück Essener Kulturgeschichte und wird entsprechend groß vermarktet, weshalb von echter Gemütlichkeit leider nicht mehr viel zu spüren ist. Mit einem jährlichen Ausstoß von 1.500 Hektolitern Bier ist die Dampfe ein wahrer Gigant unter den Essener gastronomischen Betrieben.

Dies spiegelt sich nicht allein in der Biermenge, sondern auch in den gewaltigen Ausmaßen der Lokalität, die sich über insgesamt 12.000 Quadratmeter erstreckt und in ihren Sälen zwischen 40 und 700 Gästen Platz bietet; im Sommer kommt noch eine Terrasse mit 400 Sitzplätzen hinzu. Die Betreiber haben diesen Außenbereich wohl in Anlehnung an ihre bayrische Heimat geschaffen, und tatsächlich vermittelt die Terrasse ein Stück Münchener Oktoberfeststimmung mitten in Borbeck. Ab elf Uhr morgens herrscht hier, besonders an sonnigen Sonntagen, reger Betrieb, und die Kellner haben alle Hände voll zu tun, um den Bierdurst der bajuwarischen Ruhrpottler zu stillen.

In den 1980er Jahren galt der damals noch kleinere Schankraum als echter Geheimtipp, den Borbecker nur wenigen auserwählten Ortsfremden zuraunten. In Zeiten der Eventgastronomie hat sich dies freilich gründlich geändert, die beliebten Sorten Zwickel und Salon werden heute längst auch von Bochumer und Oberhausener Stammgästen getrunken. Neben diesen Klassikern darf sich die Dampfbierbrauerei allerdings auch rühmen, das einzige Fastenbier der Region zu brauen. Pünktlich zum Aschermittwoch wird das

FAZIT: Auch außerhalb der Fastenbierzeit für Bierenthusiasten eine Wallfahrtsstätte; für die Freunde gehobener Kochkunst leider ganzjährig ein Ort strengster Askese.

SPEISEN UND GETRÄNKE: Man kommt in die Dampfe, um das leckere und bekömmliche Bier zu trinken. Die Speisekarte gerät hier zu einer Nebensache, auf der solide Hausmannskost zu durchweg fairen Preisen verzeichnet ist.

GEMÜTLICHKEIT: Leider ist die Gemütlichkeit des ehemaligen Geheimtreffs einer Massenabfertigung gewichen. Angesichts des schmackhaften Bieres ist dies jedoch zu verschmerzen, denn der Gestensaft wird schnell serviert, und bislang ist selbst an Samstagabenden bei Hochbetrieb noch niemand verdurstet.

SERVICE: Schnelle und professionelle Bedienung.

PREIS-LEISTUNGSVERHÄLTNIS: Okay. Für eine Mettplatte, hier Ruhrpott-Sushi genannt, müssen 6,90 Euro berappt werden, ein Null-Dreier-Borbecker-Dampfbier wird für 2,70 Euro in den Seidel gefüllt.

BESONDERHEITEN: Das Bier ist wahrlich eine Besonderheit, die im Ruhrgebiet wohl einmalig ist. Leider ist der Laden in den letzten Jahren sehr groß geworden, was seinen ursprünglichen Charakter zerstört hat. Auf ein Zwickel, ein Salon oder ein anderes saisonales Bier lohnt sich ein Halt in Borbeck aber immer. Gruppen ab zwölf Personen können das Sudhaus (Brauhaus) auch besichtigen. Die halbstündige Führung ohne Verkostung kostet 26 Euro (ab der 13. Person jeweils plus zwei Euro).

ÖFFNUNGSZEITEN: Montags bis donnerstags von 11 bis 0 Uhr, freitags und samstags von 11 bis 1 Uhr, sonntags von 10:30 bis 0 Uhr.

ADRESSE: Heinrich-Brauns-Straße 9-15, 45355 Essen, Tel. 0201/630070, www.dampfe.de

nahrhafte Getränk angezapft und durchfließt bis Ostern die Kehlen von frommen Katholiken, die dazu das ein oder andere vegetarische Gericht von der ansonsten recht fleischhaltigen Speisekarte ordern.

WECHSELNDE VERANSTALTUNGEN

Neben herkömmlicher Gastronomie hat sich die Dampfe in den letzten Jahren zu einem Veranstaltungsort entwickelt. Hier finden zum Bier passende Konzerte und Kabarettveranstaltungen, aber auch Happenings wie das Essener Rudelsingen (Karaoke für alle) statt. Die Eintrittspreise schwanken je nach Qualität der dargebotenen Künste. Während man für die Teilnahme am Rudelsingen mit neun Euro nach Herzenslust richtig oder falsch mitsingen kann, muss man bei einem Konzert der Kölner Bläck Fööss für ein Open-Air-Ticket 29 Euro hinlegen.

FRIKANDELN UND MEHR

DE PRINS IM SÜDVIERTEL

Seit 22 Jahren betreibt Sven Dülfer seine niederländische Kneipe auf der Isenbergstraße, die wahrscheinlich holländischer als so manche Pinte in Amsterdam ist. Zu Anfang war für viele Essener Gäste das Gesamtkonzept des Ladens recht bunt und unübersichtlich, denn im De Prins sieht es aus, als hätte man Kindern bei der Gestaltung des Schankraumes freie Hand gelassen. Inzwischen ist das kuriose Lokal mit dem eigenwilligen Namen aber zu einem Kult im Südviertel geworden, der sich längst über Essens Grenzen hinaus herumgesprochen hat. Knapp unter der Decke fährt eine elektrische Eisenbahn durchs Lokal, und an den Wänden hängen allerlei Bilder, von denen jedes so aussieht, als ob es nicht zum anderen passen wolle – kunterbunt gemischt mit allerlei kitschigem Krimskrams.

Von den schnulzigen und willkürlich gemischten Tapeten einmal abgesehen, verdient De Prins das Prädikat stilvoll

Holländische Lebensart: Sven Dülfer.

geschmacklos. „Was Sie hier sehen, ist niederländische Kneipenkultur“, erklärt uns ein Kellner, der nach dieser knappen Erläuterung jedoch nicht weiter ins Detail gehen möchte oder kann, was aber auch nichts macht, denn Kunst, die man erklären muss, ist ja bekanntlich keine (mehr).

Egal: Wir sind in die einzig niederländische Kneipe im westlichen Ruhrgebiet gekommen, um zu essen und zu trinken. Dass es hier nur holländische Gerichte gibt, wundert uns nicht. Ein Blick auf die Speisekarte verdeutlicht jedoch die Konsequenz, mit der Sven Dülfer seiner Liebe zu Holland Ausdruck schenkt. Hier steht alles in niederländischer Sprache, und nur dort, wo es nicht anders geht, finden sich einige deutsche Wörter in Klammern hinter den Speisen und Getränken. Dort heißt es dann z. B.: „Fles De Prins Puffbrause (Rieslingsekt)“.

FAZIT: Muss man gesehen haben. Ein Stück Holland, ohne über die Grenze fahren zu müssen und Gefahr zu laufen, wegen einem Stundenkilometer zu viel geblitzt zu werden.

SPEISEN UND GETRÄNKE: Klassische holländische Pommesbudenküche: Frikandeln, Fritten und immer wieder neue Mayonnaisekreationen, die mit Jenever und Grolsch heruntergespült werden. Serviert werden die Pommes und Frikandeln allerdings nicht in schäbigen Pappschälchen, sondern in solchen aus Porzellan.

GEMÜTLICHKEIT: Kitschige Gemütlichkeit, die mit sehr viel Liebe fürs Detail entstanden ist. Man muss jedoch ein großer Hollandfan sein und die Farbe Orange mögen, um sich hier richtig wohl zu fühlen.

SERVICE: Man spricht Deutsch und ist um den Gast bemüht.

PREIS-LEISTUNGSVERHÄLTNIS: Gut! Für eine große Portion Frikandeln zahlt man 2,50 Euro, eine Flasche Grolsch kostet 3,20 Euro.

BESONDERHEITEN: Die Speise- und Getränkekarten sind auf holländisch. Manche Gäste finden das lustig, andere nervt es.

ÖFFNUNGSZEITEN: Sonntags bis donnerstags von 16 bis 1 Uhr, freitags und samstags von 16 bis 3 Uhr.

ADRESSE: Isenbergstraße 14, 45130 Essen, Tel. 0201/775578, www.deprins.de

AUFERSTANDEN AUS RUINEN

Um ein Haar würde es De Prins heute nicht mehr geben, denn im Jahre 2009 brannte die kitschigste Kneipe Essens völlig aus. Der Möchtegernholländer Sven Dülfer stand vor der Frage, weitermachen oder nicht, atmete dann durch, sammelte in Windeseile neue stillose Kunstgegenstände zusammen und eröffnete kaum vier Monate nach dem Brand in neuem Glanz am selben Ort.

Mitten in Essen besitzen Dülfer und sein Team sogar die Nerven, Länderspiele zwischen Deutschland und Holland live in ihrer Kneipe zu übertragen. Aber angesichts des Mutes, überhaupt solch einen schrägen Laden aufzumachen, ist die Fernsehübertragung wohl kein besonderer Nervenkitzel, schließlich weiß ja jeder, dass die bessere Mannschaft am Ende wie immer gewinnt.

DER SCHLAGERGOTT VOM KOHLENPOTT

DIE DREHSCHEIBE IN RÜTTENSCHEID

Man muss schon mindestens ein halbes Jahrhundert alt sein, um mit dem Begriff Drehscheibe etwas anfangen zu können, denn als Namensgeber für die 1993 eröffnete kultige Eckkneipe in Rüttenscheid stand nicht etwa die gute alte Eisenbahn Pate, sondern das ZDF-Boulevardmagazin der 1960er und 1970er Jahre. So kunterbunt wie das damalige (wenn auch zumeist in schwarzweiß ausgestrahlte) Drehscheibenprogramm ist auch das Musikspektrum in Rüttenscheids einziger Schlagerkneipe.

Wer gedacht hat, dass Schlager gleich Schlager sei, der liegt völlig falsch, denn auf der Alfredstraße will man von Schnulzen nichts wissen. Schlager-Fox, Chansons und Balladen unterhalten das Publikum beim Bierchen und Schnäpschen. Seit der ersten Stunde steht René Pascal hinterm Tresen, den viele auch als den selbsternannten Schlagergott vom Kohlenpott kennen. Pascal, der bürgerlich ganz anders heißt und ein gebürtiges Nordlicht ist, erklärt seinen Künstlernamen mit seiner Verehrung für René Carol und die Chansonsängerin Petra Pascal. Und weil der ehemalige Frisör wohl mit seinem erlernten Beruf auch heute noch nicht ganz im Reinen ist, schließt er die Wochenend-Partykneipe auch am Montag auf, was für so manch einen Gast dem Blauen Montag eine ganz neue Bedeutung verlieht.

KITSCHIGE ELEGANZ

Wer das Lokal zum ersten Mal betritt, der fühlt sich in eine andere Zeit versetzt. Musik wird hier noch – sofern

FAZIT: Muss man gesehen, gehört und erlebt haben!

SPEISEN UND GETRÄNKE: Die Drehscheibe ist eine Schlagerkneipe, in der Bier und Kurze getrunken werden. Hier heißt es: Bier trinken und mitsingen.

GEMÜTLICHKEIT: Für Schlagerfreunde das Paradies, für Schlagerhasser die Hölle pur, denn der Laden steht unter dem Motto: „Unsere Nacht kennt kein Tabu, Lady Blue" (René-Pascal-Kenner wissen Bescheid).

SERVICE: Absolut super. René ist immer gut drauf und betrachtet seine Gäste als Freunde. In der Drehscheibe zapft der Chef noch selbst und greift bei guter Stimmung auch gern zum Mikrofon.

PREIS-LEISTUNGSVERHÄLTNIS: Super! Das Nullzweier-Pilsken für 1,30 Euro ist in Rüttenscheid wohl unschlagbar günstig.

BESONDERHEITEN: Ob René Pascal als Person oder der Kult um seine Person das Besondere an der Drehscheibe ausmachen, muss jeder Besucher selbst herausfinden. Bilder und andere Devotionalien des Meisters erblickt man im Laden jedenfalls, wo immer man seine Augen hinwendet.

ÖFFNUNGSZEITEN: Freitag bis Montag ab 20 Uhr (Open End). Freitags und samstags heißt das Motto: „René Pascal: Der Schlagergott vom Kohlenpott".

ADRESSE: Alfredstr. 21, 45130 Essen, www.rene-pascal.de

René Pascal und die Freunde des Schlagers.

der Meister nicht gerade selbst ein Ständchen darbietet – von CDs gespielt, und an den Wänden finden sich Fotos und mehr oder weniger vergilbte Zeitungsausschnitte, die sich allesamt um den Betreiber, seine Musik und seine Shows drehen. Zu den wenigen modernen Einrichtungsgegenständen zählen die „Trophäen" aus der PRO 7-Sendung TV Total, in welcher der Schlagergott vom Kohlenpott schon mehrfach den Zuschauerpreis „Raab der Woche" gewann.

In den frühen Abendstunden findet man hier die alte ruhrpöttische Gemütlichkeit mit Knobelbecher und Thekengespräch. Zur fortgeschrittenen Stunde wird aus der Drehscheibe eine laute und für Tanzwütige bestens geeignete Feierkneipe. Freitag- und Samstagnacht mischen sich dann hartgesottene Schlagerfreunde mit dem szenetypischen Rüttenscheider Partyvolk und lassen es beim Wunschkonzert richtig krachen. Eines steht unumwunden fest: Dieter Thomas Heck hätte seine Freude an diesem wirklich einzigartigen Lokal.

DRINKS DE EJNE MET?

DER EIGELSTEIN IN RÜTTENSCHEID

Als unser Testtrinker Andreas im letzten Herbst am EigelStein auf der Rüttenscheider Straße vorbeikam, hörte er im Vorübergehen einen älteren Mann zu einem anderen sagen: „Was die Filzlaus unter Tieren, dass ist Kölsch unter Bieren." Und tatsächlich fragt man sich, woher manche Menschen die Nerven und den Mut nehmen, mitten in Essen eine Kölner Kneipe zu eröffnen. Zwar ist der EigelStein nicht das einzige Lokal in Rüttenscheid, das seine Gäste mit Kölsch bedient (gleich um die Ecke ist das Früh bis Spät), aber im Herzen von Stauder-Essen ist eine Kölschkneipe schon ein Hingucker, besonders, wenn sie sich so fein herausgeputzt hat wie der EigelStein.

Im Sommer 2010 eröffnete die Kölsch-Kette eine Filiale auf der Rüttenscheider Straße und zog in den schicken Neubau, der sich

nach
seiner Haus-
nummer Rue 199 nennt. Im Handumdrehen mauserte sich das Lokal zu einem Szenetreff, und bereits nach zwei Jahren gewannen die Macher des EigelStein den „Rü-Award", der den Laden als beste Kneipe im Szeneviertel auszeichnete, was nicht nur bei vielen Essener für Erstaunen sorgte, sondern wohl auch für Dr. Thomas Stauder, unter dessen Augen der Preis verliehen wurde, ein Kulturschock war. Aber der Chef der Essener Privatbrauerei wäre ein schlechter Ruhrpottler, wenn er nicht den köllschen Grundsatz beherzigen würde, der da lautet: „Mer muss och jünne könne."

Von Kölner Gemütlichkeit, wie sie Willy Millowitsch gefallen hätte, ist im EigelStein allerdings nichts zu spüren. Würden an den Wänden nicht riesenformatige Schwarzweißfotos hängen, die Motive wie den Kölner Dom oder die Rheinbrücke zeigen, könnte man den Eindruck gewinnen, die Wirte seien Fans von Weltstädten wie New York oder Tokio, denn typisch Köllsches sucht man außer in den Kölschstangen vergeblich. An einer Leseecke, die eigentlich die Größe einer mittleren Bibliothek hat, spalten sich die Geister. Die

FAZIT: Ein schönes und modernes Lokal, in dem Kölner Traditionen gepflegt werden. Hier gibt es ausschließlich Kölsch im Ausschank, und es werden neben gängigen Nullzweiern auch Nulleinser (sogenannte Stößchen) gezapft, die man recht schnell trinken muss, sonst verdunsten sie einem in der Hand.

SPEISEN UND GETRÄNKE: Kölsch, Kölsch, wo mer jeit un steit nur Kölsch, Kölsch, Kölsch. Die Auswahl der Speisen ist sehr gut und die Küche verdient ein Lob.

GEMÜTLICHKEIT: Moderne und große Kneipe, der man ihre Zugehörigkeit zu einer Kette ansieht. Besonders zum Karneval wird das weitläufige Lokal für Freunde kölscher Lebensart zu einem Paradies auf Erden.

SERVICE: Freundliche und schnelle Bedienung.

PREIS-LEISTUNGSVERHÄLTNIS: Gut! Für ein Nullzweier Kölsch müssen 1,75 Euro bezahlt werden. Pils- und Alttrinker müssen darben und können sich mit einem Weißbier aus der Flasche für 4,10 Euro zufrieden geben. Die Gerichte bewegen sich im mittleren Preisrahmen, eine Rinderroulade mit Rotkohl und Spätzle kostet 12,95 Euro, ein Cheeseburger mit Pommes und Salat ist für 10,95 Euro zu haben.

BESONDERHEITEN: Regelmäßig finden Konzerte und andere Showdarbietungen statt (auch außerhalb der Karnevalssaison).

ÖFFNUNGSZEITEN: Montags bis donnerstags von 11 bis 0:30 Uhr, freitags und samstags von 11 bis 1 Uhr und sonntags 10 bis 23 Uhr.

ADRESSE: Rüttenscheider Straße 199, 45131 Essen, Tel. 0201/45033883, www.eigelstein-ruettenscheid.de

einen mögen diesen gemütlichen Teil der Kneipe, die anderen finden die Bücherregale und aufgestellten Lesesessel überkandidelt. Wie das Geschmacksurteil eines jeden Besuchers auch ausfallen mag, eines steht unumstößlich fest und verdient höchste Anerkennung: In die Inneneinrichtung und in den Terrassenbereich haben die Investoren sehr viel Geld gesteckt und so ein modernes Lokal geschaffen, das eben auch in Paris, London oder New York beheimatet sein könnte und deshalb bei Ruhrgebietspatrioten auf Kritik und zuweilen auch schroffe Ablehnung stößt.

DIE FÜNFTE JAHRESZEIT

Für den Karneval im Ruhrgebiet ist der EigelStein eine Bereicherung, die seit einigen Jahren angenommen wird und sich inzwischen solch großer Beliebtheit erfreut, dass die Köbese zum Altweiberfasching sogar Eintrittsgeld verlangen können. Ob der Laden in der fünften Jahreszeit zur fünften Kolonne rheinischen Frohsinns im Ruhrgebiet wird, muss jeder Gast für sich selbst entscheiden. Es versteht sich aber auf jeden Fall von selbst, dass die Kölner ihren Karneval auf der Rüttenscheider Straße ganz groß feiern. Zu Altweiber geht es mit Fastelovendschlagern à la „Viva Colonia" los, die sich in den Ohren von Enthusiasten wie Choräle anhören, von eingefleischten Karnevalsmuffeln jedoch als Psychoterror auf allerhöchstem Niveau wahrgenommen werden. Aber wer kein Kölsch und keinen Fasching mag, der betritt das Lokal ohnehin nicht und bleibt der alten Pilstrinkerdevise treu, die da lautet: „Geh mich weg mit Kölsch", oder, ins Kölsche übersetzt, soviel heißt wie „Mer losse et Kölsch in Kölle, denn do jehööt et hin."

SPORT UND KARNEVAL HABEN EIN ZUHAUSE

DIE EULE IN RÜTTENSCHEID

In Zeiten der Eurokrise befürchten zwar viele Essener, dass man Eulen nach Athen tragen würde, geht es aber um abendliche Unterhaltung, setzen viele Szenegänger schon seit Jahren auf die Eule und tragen ihr Kleingeld mit Freude nach Rüttenscheid. Die Kneipe im Hotel Fabritz auf der Klarastraße macht ihrem Namen dabei alle Ehre, denn nicht selten schickt die Belegschaft die letzten Gäste erst um zwei Uhr in der Frühe in die Federn.

Angefangen hat das Lokal Ende der 1950er Jahre als Eulenspiegel, bevor es irgendwann dann in Eule umbenannt wurde. Damals stand Gerd Fabritz, der Schwiegervater des heutigen Betreibers Simon Heidenreich hinter dem Tresen. Warum die Eule so heißt, wie sie heißt, wird jedem Besucher schon am Eingang klar: Eulen, wohin der Blick auch fällt. Ausgestopfte, solche aus Stoff, Holz, Porzellan, Keramik, Ton oder Holz. Wie viele es insgesamt sind, weiß wahrscheinlich nicht einmal Simon Heidenreich, der seit 2006 im Eulenhorst hockt, dabei aber alles andere als kauzig ist.

Traditionell ist die Eule ein Vereinslokal, in dem sich seit vielen Jahrzehnten Karnevalisten und Thekensportler ein Stelldichein geben. Fußball und Karneval sind es auch, die das Lokal weit über die Grenzen Rüttenscheids hinaus bekannt gemacht und für seinen hervorragenden Ruf besonders während der fünften Jahreszeit und der Fußballsaison gesorgt haben. Aber auch für Menschen, die mit Karneval nichts am Hut bzw. an der Pappnase haben, lohnt sich ein Besuch in der Eule, denn die

FAZIT: Eine schöne Traditionsgaststätte, in der sich nicht nur Ornithologen auf Anhieb wohlfühlen, sondern auch Freunde des Fußballs und der Geselligkeit. Muss man einfach gesehen haben.

SPEISEN UND GETRÄNKE: Bodenständige deutsche Küche, die eine große Palette von Spezialitäten bietet. Im Ausschank ist ein gepflegtes Pils. Es gibt Stauder, Köpi, Warsteiner, Früh Kölsch, Frankenheim Alt vom Faß.

GEMÜTLICHKEIT: Warme und gemütliche Atmosphäre, die einem zweigeschossigen Wohnzimmer nahe kommt, ohne jedoch überladen zu wirken.

SERVICE: Freundlich, schnell und professionell.

PREIS-LEISTUNGSVERHÄLTNIS: Gut! Ein Nullzweier Stauder kostet 1,40 Euro. Eine Portion Möhreneintopf mit gebratener Blutwurst ist für 9,80 Euro zu haben.

BESONDERHEITEN: Das geflügelte Ambiente und seine Uressener Gäste machen die Eule zu einem ganz besonderen Laden.

ÖFFNUNGSZEITEN: Montags bis freitags ab 17 Uhr bis in die Puppen, samstags schon ab halb zwölf. Sonntag ist Ruhetag.

ADRESSE: Klarastr. 68, 45130 Essen, Tel. 0201/776462, www.hotelfabritz.de

Küche mit bodenständigen Gerichten ist legendär. Hier bekommt man noch Leckereien wie Bratwurst mit dicken Bohnen und Bratkartoffeln oder Rostbratwürstchen mit Westfälischem Sauerkraut auf den Teller.

SPORTS BAR DER ERSTEN STUNDE

In der Eule wurde schon gemeinsam Sport geguckt, als es den Namen Sports Bar noch nicht einmal in den USA gab. Schon zu Zeiten von Gerd Fabritz flimmerten Fußballübertragungen und die legendären Kämpfe Muhammad Alis, der damals noch Cassius Clay hieß, in tiefer Nacht und in schwarzweiß über die Mattscheibe. Ob der Name Eule damals vergeben wurde, weiß kein Mensch. In Erinnerung sind aber vielen Essener Fußballfans noch die Spiele der Thekenmannschaft, die unter Anleitung des damaligen Wirts recht ansehnliche Erfolge gegen andere Kneipenmannschaften feierte.

Auch heute zieht es jedes Wochenende zahlreiche Sportfans an die Theke, um mit dem Chef, der ein bekennender Rot-Weiss-Fan ist, gemeinsam Bundesliga, Boxen oder die Formel 1 anzuschauen und dabei das eine oder andere Pilschen zu kippen. Vor zu viel Biergenuss muss allerdings gewarnt werden, denn wer im Rausch anfangen möchte, die Eulen zu zählen, dem kann nicht einmal der Eulenwirt mehr helfen.

EINMALIG IM RUHRGEBIET

DIE FREAK SHOW IN STEELE

Im wahrsten Sinne des Wortes unter den Augen des Gesetzes, nämlich tief unter dem Amtsgericht in Steele „versteckt“ sich eine Rock 'n' Roll-Bar, wie es sie im Ruhrgebiet kein zweites Mal gibt. Die Freak Show muss man gesehen und erlebt haben. Wer sich in den bizarren Katakomben noch keinen Schuss Wurstwasser oder ein Seemannsgrab gegönnt hat, kann nicht ruhigen Gewissens behaupten, ein Kenner der ruhrpöttischen Kneipenszene zu sein. Seit Januar 2012 gibt es die grottig-schöne Mischung aus klassischer Geisterbahn und Konzerthöhle im Essener Osten.

Ela Nordvall, die viele Szenegänger noch als Wirtin des legendären Panic Room kennen, und ihr schwedischer Ehemann Benny haben sich mit der Freak Show einen langersehnten Wunsch erfüllt. Als die ausgehöhlte Hülle einer ehemaligen Kellerdisco Ende 2010 zur Versteigerung anstand, griffen die gebürtige Steelerin und der Stockholmer Heavy-Metal-Musiker kurzentschlossen zu. In monatelanger Schwerstarbeit wurden Tonnen von Gips auf die Wände geschmiert, gespachtelt und gepinselt, bis am Ende sämtliche Nischen gruselig verziert waren. „Bis alles so war, wie wir uns das vorgestellt haben, war ein Jahr vergangen. Viele Male habe ich hier auf der Baustelle übernachtet", erzählt Ela über die kreativen Anfänge ihres gruseligen Babys.

Nach fast einem Jahr konnte die Freak Show dann endlich ihre Tore öffnen. Bei der Eröffnung versetzte der neugeschaffene Laden nicht nur eingefleischte Metalfans in Verzückung, sondern sorgte auch bei hartgesottenen Freaks für offene Münder. Freakig sind vor allem die stummen Stars aus zahlreichen Horrorstreifen, die einen aus jeder Ecke des Ladens an-

FAZIT: Der wohl eigenartigste und skurrilste Laden in Essen. Ob zu einem Konzert oder nur für ein Bierchen: Wer die Freak Show nie von innen sah, der kennt sich in der Essener Kneipenszene nur unzureichend aus.

SPEISEN UND GETRÄNKE: Die Freak Show ist ein Rock-, Punk- und Metalladen. Hier wird traditionell eher getrunken als gegessen. Neben einer großen Auswahl an Flaschenbier, Cocktails und härteren Drinks sind es vor allen Dingen die ausgefallenen Shots, die ins Auge springen und so manchem Gast beim ersten Mal einiges abverlangen. Wurstwasser, Leberhaken oder Feuerwasser sind nur einige der ausgefallenen Kreationen. Ela und Benny sind stets dabei, neue freakig-süffige Anschläge auf den bürgerlichen guten Geschmack auszuhecken.

GEMÜTLICHKEIT: Einfach nur grottenschön! Ela und Benny Nordvall begrüßen ihre Gäste mit Handschlag und sind stets für ein Pläuschchen offen. In bizarrer Atmosphäre herrscht Gemütlichkeit.

SERVICE: In der Freak Show wird ein freundliches und entspanntes Verhältnis zu den Gästen gepflegt.

PREIS-LEISTUNGSVERHÄLTNIS: Super! Für einen Jim Beam legt man zwei Euro auf die Theke, das Flaschenbier kostet zwischen 2,30 und 3 Euro.

BESONDERHEITEN: Jeden Mittwochabend Open Session (Rock, Blues, Metal, Punk, Reggae ...)

ÖFFNUNGSZEITEN: Mittwochs und donnerstags von 20 bis 1 Uhr, freitags und samstags ab 20 (Open End).

ADRESSE: Grendplatz 2A, 45276 Essen, www.freakshow-bar.de

starren. Warum Ela und Benny bis zur Erfüllung ihrer Wünsche so lange hinter verschlossenen Türen werkelten, wird einem klar, wenn man sich die meist lebensgroßen Figuren im Detail anschaut: In liebevoller Kleinarbeit haben die Wirte Skelette, Monster und andere bizarre Puppen zusammengetragen und restauriert. Was sie auf Trödelmärkten und im Internet nicht finden konnten, wurde eben selbst gebastelt. Heute steht unter dem Pflaster des Grendplatzes alles unter dem Motto „come in and freak out".

KONZERT-GROTTE

„Out-freaken" kann man jedoch nicht allein angesichts des Ambientes, sondern auch während der regelmäßig stattfindenden Konzerte. Von Punk über Metal, Rock und Reggae bis zu den ausgeflipptesten Sachen ist in der Freakshow beinahe alles zu hören. „Auf unserer Bühne standen schon Bands aus aller Welt. Ob aus England, Irland, Skandinavien oder den USA, irgendwie finden Musiker und DJs immer den Weg nach Steele und unter die Erde", sagt Ela nicht ohne Stolz. Wer will ihr angesichts von soviel Herzblut aber auch verdenken, dass ihr die Freak Show so freakig ans Herz gewachsen ist.

„AUS DEM HINTERGRUND MÜSSTE RAHN SCHIESSEN ...“

DIE FRIESENSTUBE IN FROHNHAUSEN

„Aus dem Hintergrund müsste Rahn schießen ...“, die sich schier überschlagende Stimme Herbert Zimmermanns kommt einem in den Sinn, wenn man auf der A40 in Höhe der Ausfahrt Essen-Frohnhausen jenen legendären Radioreporterspruch auf einer Brücke liest; und wohl fast jeder vorbeifahrende Autofahrer vervollständigt in Gedanken oder vor sich hinmurmelnd: „Rahn schießt! ... Tor! Tor! Tor! Tor!“

Die Passage aus der Rundfunkübertragung des WM-Finals 1954 steht nicht umsonst seit der Kulturhauptstadt 2010 in Höhe Frohnhausen, denn nur wenige hundert Meter von der Ausfahrt entfernt lebte Helmut Rahn; und auf der Frohnhausener Straße befindet sich noch heute die Friesenstube, jenes sagenhafte Lokal, in dem der Held von Bern bis zu seinem Tode Stammgast war.

Ein uraltes Bakelittelefon, ein Grammophon sowie ein moderner Spielautomat stehen in augenscheinlichem Kontrast zueinander, und der Gast fragt sich, ob das Lokal mit ausgedienten Stücken aus dem Fundus der Wirtsfamilie dekoriert wurde oder ob die Inneneinrichtung natürlich gewachsen ist. Warum die typische Ruhrgebietskneipe Friesenstube heißt, weiß kein Mensch, denn norddeutsche

Elemente sucht man hier vergeblich. Das macht aber nichts, weil der Laden keine Fischerkneipe, sondern ein Fußballlokal ist und somit neben dem beschriebenen Krimskrams auch jede Menge von den Thekenmannschaften errungene Pokale in den Regalen zu bestaunen sind. Eine Ecke ist mit einer Handvoll Schwarzweißfotos dekoriert, die den „Boss", wie viele Essener den 2003 verstorbenen Weltmeister noch heute ehrfurchtsvoll nennen, als Fußballakteur zeigen. Die Fotoecke ist nach dem WM-Torschützen benannt und zählt heute zu den Fußballwallfahrtsstätten Essens. Seit gut einem Jahr steht das Ehepaar Klaus hinter dem Tresen und pflegt das Andenken an den Boss liebevoll. Mit dem alten Wirt und Gründer Dieter Ellers zogen aber leider auch die ein oder anderen hochverehrten Fußballreliquien aus, die Dieter von seinem Duzfreund Helmut persönlich als Geschenke erhielt, darunter sogar ein handsigniertes Trikot.

Frauen gibt es in der Altherrenkneipe zumeist nur hinter dem Tresen. Das ist schon seit Jahrzehnten so. Zwar ist das weibliche Geschlecht auf der Frohnhauser Straße nicht unwillkommen, aber traditionell wird an der Theke fast nur über Fußball gesprochen, und dies ist und bleibt wohl auch im Land der Frauenfußballweltmeister(innen) mehr oder minder Männersache. Wenn die Friesenstube um 10 Uhr ihre Tore öffnet, kommen die ersten Frühschoppennipper, hocken sich auf ihre Stammplätze und erzählen von früher. Zwar hat sich seit den Zeiten Helmut Rahns hier einiges verändert (es hängen heute gleich drei Fernseher im Lokal, damit man aus keinem Winkel auch nur ein Bundesligator verpasst), doch im Wesentlichen ist alles so wie früher geblieben. Kegelbahn und Küche waren zu Zeiten des Fußball-Bosses zwar noch nicht vorhanden, passen aber wunderbar in das Traditionslokal, in dem seit einigen Jahren auch warme und bodenständige Speisen auf den Teller kommen.

MÄNNERRUNDE

An der Theke geht es selten um etwas anderes als um das runde Leder (die Friesenstube ist Teil der „Deutschen Fußballroute NRW"). Und so wundert es einen nicht, dass ein älterer Herr ungefragt zum Chronisten des Essener Fußballs im Allgemeinen wird und aus dem Stegreif über die Vita Otto Rehhagels ausführlich zu berichten weiß,

FAZIT: Eine herrliche Traditionsgaststätte ohne irgendwelche Schnörkel. Die Friesenstube ist beinahe ein mystischer Ort. Hier wird der Tod zur Illusion, denn aus dem Hintergrund schießt noch immer Rahn, und Willy Jürissen erzielt nach über 60 Jahren als Torwart noch immer Treffer für RWO.

SPEISEN UND GETRÄNKE: Bodenständige Bergmannskost. Im Ausschank ist neben anderen Pilskes natürlich auch Stauder.

GEMÜTLICHKEIT: Typische Altherrenkneipe im Look vergangener Jahrzehnte. Ein Laden, in dem fast nur Männer verkehren, die dann ungestört über Fußball klönen möchten.

SERVICE: Freundlich und familiär.

PREIS-LEISTUNGSVERHÄLTNIS: Super! Ein Rumpsteak mit Pommes und Salat gibt es für zwölf Euro, für ein Nullzweier Stauder müssen tatsächlich nur 1,20 Euro bezahlt werden (unschlagbar in ganz Essen).

BESONDERHEITEN: Das Lokal lebt von seiner Aura und von seinen Gästen. Die Helmut-Rahn-Ecke ist noch vorhanden, seit dem Besitzerwechsel jedoch ein wenig geschrumpft.

ÖFFNUNGSZEITEN: Montags bis sonntags von 10 bis 1 Uhr.

ADRESSE: Frohnhauser Straße 387, 45144 Essen, Tel. 0201/756408 (eine Website gibt es noch nicht, dafür ist die Friesenstube aber bei Facebook zu finden)

In der Friesenstube dreht sich alles um Fußball.

wobei er den Bogen vom Beginn der Karriere, als König Otto als Fußballazubi und Malerlehrling die ersten Stolperschritte bei RWE unternahm, bis hin zum vermeintlichen Höhepunkt als Trainer der griechischen Europameister spannt. Jedoch verweist unser Experte darauf, dass es weder die Erfolge mit Werder Bremen, wo er den Fußballoldie Manni Burgsmüller ausgrub, noch sein Europapokalsieg den Höhepunkt seiner Karriere darstellten, sondern das wohl nie wiederholbare Kunststück, mit einer Aufsteigermannschaft der Namenlosen (1. FC Kaiserslautern) die Deutsche Meisterschaft zu erringen. In Schlagdistanz zu diesem betagten und wandelnden Fußballlexikon sitzt ein anderer ergrauter RWE-Fan, der einem schweigenden und an seinem Stauder nippenden jungen Mann die uralte Geschichte von Heinz Kwiatkowski und den acht Buden, die dieser im Vorrundenspiel 1954 gegen Ungarn kassierte, erzählt.

Beruhigt stelle ich fest, dass auch ein gutes Jahrzehnt nach dem Tod von Helmut Rahn die Theke der Friesenstube noch immer die höchste deutsche Fußballakademie ist, denn es sind genau diese Dönekes und Erinnerungen an das runde, aus Leder, Kohle und Stahl gefertigte, Herz des Ruhrgebiets, das bereits zur Mittagsstunde zu glühen beginnt und traditionsgemäß mit einem Herrengedeck abgekühlt wird.

WIE OMAS WOHNZIMMER

DAS GOLDBAR CAFÉ IM SÜDVIERTEL

Ob eine Kneipe ohne Küche und Tortenbäckerei wirklich den Namen Café verdient, ist zumindest fraglich. Im Ruhrgebiet scheint sich aber niemand an dieser etwas merkwürdigen Namensgebung zu reiben, was wahrscheinlich daran liegt, dass die Gäste gar keine Zeit haben, sich darüber Gedanken zu machen, denn sie sind viel zu sehr damit beschäftigt, aus über vierzig angebotenen Biersorten das für sie passende Hopfengetränk herauszusuchen.

ASTRA

FAZIT: Eine wunderbare Weltreise in Sachen Bier, ohne sich aus seinem Sessel erheben zu müssen!

SPEISEN UND GETRÄNKE: Zu essen gibt es nichts, dafür aber jede Menge Auswahl an Bieren.

GEMÜTLICHKEIT: In punkto Gemütlichkeit verdient die Goldbar eine Auszeichnung. Im Sammelsurium zusammengetragener Antiquitäten fühlt man sich wie auf einer nostalgischen Zeitreise in die selige Anno-Dazumal-Epoche. Hier macht das Nuckeln an exotischen Bierflaschen gleich doppelt Spaß.

SERVICE: Nette und freundliche Bedienung, an der es nichts auszusetzen gibt.

PREIS-LEISTUNGSVERHÄLTNIS: Gut! Für ein kleines Astra werden knapp anderthalb Euro aufgerufen. Die exotischen Biere kosten zwischen 2,50 und 5 Euro.

BESONDERHEITEN: Allein die Auswahl an Biersorten macht den Laden zu etwas ganz Besonderem. Das schöne Ambiente sollte man als Bonus werten und sich wohlfühlen.

ÖFFNUNGSZEITEN: Täglich ab 11 Uhr.

ADRESSE: Rellinghauser Straße 110, 45128 Essen. Tel. 0201/7502090, www.cafe-goldbar.de

Inhaber Patrick Sokoll, der bis zur Eröffnung der Goldbar vor ein paar Jahren an gleicher Stelle einen Secondhand-Laden betrieb, scheint mit seinem Kneipenkonzept einen Volltreffer gelandet zu haben. Ob es nun daran liegt, dass der Laden aussieht wie ein bewohntes Antiquitätengeschäft, oder ob der Erfolg der Tatsache geschuldet ist, dass hier die exotischsten Biere verkauft werden, weiß wohl nicht einmal Patrick Sokoll zu beantworten. Wahrscheinlich ist es eine Kombination aus beidem, das die Goldbar einzigartig macht.

Im Winter lässt sich am Bullerofen auf Plüschsofas und in Lehnstühlen bei südamerikanischem Bier von tropischen Inseln träumen, während man im Sommer vor der Türe bei spritzigem Bier aus Südeuropa echtes Urlaubsfeeling genießt. Auf die eine oder andere Weise zieht es die Menschen magisch in die Goldbar, die ja eigentlich auch eher eine Bierkneipe und, wie schon erwähnt, auch kein Café ist. Was die Kneipe nun wirklich ist, ist alles andere als sicher zu bestimmen. Nur eines ist sicher: Der Wirt scheint von modernen und neuen Dingen nicht wirklich viel zu halten: Unter der Decke baumeln Kronleuchter, die Omas Wohnzimmer alle Ehre machen würden, an den Wänden hängen uralte Gemälde, die stilistisch kunterbunt gemischt sind und das Mobiliar schaut teilweise aus, wie von den Eltern der Stammgäste gespendet.

NIX ZU ESSEN UND TROTZDEM SCHÖN

Ob vierzig Biersorten ohne eine Speisekarte mit entsprechenden Unterlagen eine wirklich so tolle Idee sind, muss jeder Gast für sich herausfinden. Gott sei Dank steht aber mit der holländische Kneipe De Prins ein Hungerstiller gleich nebenan. Dem Wirt des Prinzen macht es nichts aus, wenn die hungrigen Gäste der Goldbar nur auf ein Schälchen Fritten hereinschneien und dann gleich wieder verschwinden, um sich goldig zu betrinken, denn am Isenbergplatz stimmt die Nachbarschaft noch. Auch ohne feste Nahrung zu bieten, ist die Goldbar eine stilvolles Highlight im Essener Südviertel und sticht jede gestylte Location im benachbarten Rüttenscheid mit Leichtigkeit aus.

DIE COOLSTE KNEIPE DER GANZEN WELT

DAS PANOPTIKUM IM NORDVIERTEL

In den 1980er und 1990er Jahren gab es wohl niemanden, der an der Uni Essen studierte, ohne mehr oder weniger viel Zeit im Panoptikum am Gerlingplatz verbracht zu haben. Neben dem Café Nord am Viehofer Platz zählt der Traditionsladen heute zu den letzten Überlebenden einer goldenen Kneipenepoche und hat nichts von seinem einstigen Charme eingebüßt.

Seit 30 Jahren steht Ingo Janowitz hinter der Theke und betreibt die Kneipe nach wie vor mit sehr viel Herzblut. An den bemalten Wänden hängen zahlreiche Erinnerungsfotos, Schallplatten und sonstige Hinterlassenschaften des Chefs und der Stammgäste. Als Ingo das Panoptikum 1985 eröffnete, rannte ihm die Essener Jugend die Bude ein. Bei reichlich Bier und jeder Menge selbstgedrehter Kippen wurde über den Weltfrieden diskutiert bzw. man wünschte dem dicken Kohl die Pest an den Hals. Damals war der Laden noch eine echte Studentenkneipe und ein Selbstläufer. Heute ist das Publikum eher gemischt, und man findet keine offenen Stammtische mehr, die sich zu irgendwelchen politischen Themen gegründet haben.

Freut sich auch nach 30 Jahren auf seine Gäste: Ingo Janowitz.

Als ich an einem lauen Frühjahrsabend und nach über zehnjähriger Pause wieder im Panoptikum bin, bemerke ich an einem der benachbarten Tische einen Mann, der statt mit einem Smartphone zu spielen, in einem Taschenbuch liest. Beim Umblättern erkenne ich, dass es sich um Handkes Klassiker „Die Angst des Tormanns beim Elfmeter" handelt. Dass er dies unter dem legendären Foto tut, das Frank Zappa auf der Toilette sitzend zeigt, gestaltet die Szene auf subtile Weise skurril.

An einem anderen Tisch sitzen zwei junge Physikstudenten (oder sind es nur Kinogänger?), die lebhaft die Thesen Stephen Hawkings debattieren. Am Nebentisch klärt ein ergrauter RWE-Fan einen jungen Mann darüber auf, dass es sich bei dem rüstigen Endsechziger, der gelegentlich die Kneipe aufsucht, um niemand anderen handelt als den Vorstopper der Rot-Weissen aus den Anfängen der 1970er Jahre. Dann stimmt er das hohe Lied auf den legendären Ente Lippens, das Unikum der damaligen Zeit, an. Vor allem gerät er ins Schwärmen, wenn er von den unglaublichen Auftritten des wackelnden Holländers gegen Berti Vogts erzählt, den er wie kein anderer mit seinen Dribblings in den schieren Wahnsinn trieb. Ich staune

FAZIT: Das Panoptikum ist nach wie vor eine Mischung aus traditioneller Ruhrgebietseckkneipe und Studentenladen, wenngleich die meisten Studenten heute eher ältere Semester sind und sich deshalb auch über LP-Abende (für jüngere Leser: LP = Langspielschallplatte, heute: Vinyl) freuen, bei denen sie dann Bands wie Led Zeppelin zu hören bekommen.

SPEISEN UND GETRÄNKE: Studentisch-bürgerliche Speisekarte mit Burgern, Schnitzeln, Aufläufen, Süppchen usw. Die Getränkekarte ist riesig und lässt kaum Wünsche offen. Egal, ob Cocktails, Schnäpse oder einfach nur ein Bier, alles ist da.

GEMÜTLICHKEIT: In punkto Gemütlichkeit erhält das Panoptikum die volle Punktzahl mit Zusatzsternchen. Hier ist alles authentisch und nostalgisch. Man merkt dem Laden an, dass er mit seinem Betreiber gewachsen ist.

SERVICE: Absolut klasse!

PREIS-LEISTUNGSVERHÄLTNIS: Gut! Hier gilt für alle Nudelgerichte ein Preis, nämlich 5,40 Euro, ein Wiener Schnitzel schlägt mit 9,20 Euro zu Buche und für ein Nullzweier Stauder müssen 1.70 Euro berappt werden.

BESONDERHEITEN: Neben Konzerten, Comedyabenden und allen möglichen anderen Events sind besonders die jeden Montag stattfindenden Quizabende empfehlenswert.

ÖFFNUNGSZEITEN: Sonntags bis donnerstags von 18 bis 1 Uhr, freitags, samstags und vor Feiertagen von 18 bis 3 Uhr.

ADRESSE: Gerlingplatz 4, 45127 Essen, Tel. 0201/225586, www.panoptikum-essen.de

PANOPTIKUM

nicht schlecht, denn eigentlich hat sich in den vergangen drei Jahrzehnten nicht viel verändert. Es sind genau solche Gäste, die dem Lokal seit nunmehr drei Jahrzehnten mehr als alle Ehre machen.

STUDENTENFUTTER

Neben seinem gemischten Publikum hat das Panoptikum vor allem eins zu bieten: eine leckere und bezahlbare Küche und einen Wirt, der weiß, was die Essener zur abendlichen Entspannung brauchen. Dies ist neben gepflegten Bierchen vor allem ein wechselndes und familiäres Kulturprogramm. Neben unregelmäßig stattfindenden Konzerten und Kabarettabenden sind es besonders die Spiele- und Vinylabende, die den Laden so unverwechselbar und einmalig machen.

Seit ein paar Jahren können sich die Besucher auch im Biergarten amüsieren. Die, gemessen am Gesamtalter des Panoptikums, junge Institution ist mittlerweile zu einem sommerlichen Klassiker geworden, auf die Wirt Ingo besonders stolz ist, denn er hat lange für die Genehmigung kämpfen müssen.

Das Gesamtkonzept des Traditionslokals sorgt dafür, dass viele Stammgäste gern die nicht ganz bescheidene Selbstcharakterisierung des Wirtes unterschreiben, die da lautet: „Unser Panoptikum ist die coolste Kneipe der ganzen Welt. Wir haben die geilste Küche, das perfekteste Ambiente, die genialsten Gäste, die schönsten Kellnerinnen mit den vollsten Gläsern und Wirte von intergalaktischem Ruf.“

HASTA LA VICTORIA SIEMPRE

PEDROS CUBA LOUNGE IN RÜTTENSCHEID

Im Hinterhof eines Autohauses verbirgt sich ein karibisches Lokal mit wahrhaft sozialistischem Charme. Wer das alte Kuba noch aus den Zeiten vor dem Massentourismus kennt, der kann die Authentizität von Pedros Cuba Lounge beurteilen und wird sich ruckzuck ins Havanna der 1980er Jahre zurückversetzt fühlen. An den Wänden hängen Ölbilder, die kubanische Straßenszenen zeigen, und die Fenster sind mit ebensolchen Motiven beklebt, um den unschönen Ausblick auf die benachbarte A52 zu verdecken.

Bunte Lampen unter der Decke verdeutlichen einleuchtend, dass man sich hier in einer Salsa-Kneipe befindet, in der das Tanzbein geschwungen werden darf und auch ausdrücklich soll. Wer darin keine Übung hat, dem kann in Form von Tanzkursen geholfen werden, denn angeschlossen ist Essens bislang einzige mittelamerikanische Tanzschule, in der man neben Salsa auch andere lateinamerikanische Tänze wie Rumba, Bachata oder Merengue erlernen kann.

Pedro Perez brachte das karibische Feeling vor einigen Jahren aus seiner kubanischen Heimat mit nach Essen und baute recht schnell eine kleine Fangemeinde um seine Cuba Lounge herum auf. Trotzdem ist der Laden nach wie vor ein Geheimtipp, was vielleicht auch mit der Schwellenangst vieler Essener zu tun hat, die glauben, dass bei Pedro Tanzpflicht herrschen würde. Dies ist aber keineswegs der Fall. Wer nicht hüpfen möchte, der kann auch an der Theke sitzen und karibische Longdrinks oder kubanisches Bier trinken.

TANZBAR UND KNEIPE

Zwar lassen sich im karibisch geprägten Lokal Tanz und Kneipe nicht strikt voneinander trennen, aber Tanzmuffel finden durchaus ihre Rückzugsmöglichkeiten. Im Restaurant bleiben sie von Aufforderungen völlig unbehelligt und können dort leckere Gerichte aus ganz Mittelamerika zu sich nehmen. Wer sich jedoch zum Tanze entschließt, dem wird in den angeschlossenen Räumen genügend Fläche geboten. Im Sommer finden die Tanz- und Partyveranstaltungen bei gutem Wetter auf dem Parkdeck des Autohauses statt, wobei der Sound der vorbeiführenden A52 weder die Tänzer noch die Trinker stört.

In den letzten Jahren hat sich die versteckte Kneipe am Ende der Rüttenscheider Straße zu einem Treffpunkt unterschiedlichster im Ruhrgebiet vertretener Kulturen gemausert, die bei durchweg spanischer Musik sowohl an der Theke als auch auf dem Parkett entspannen oder aber schwitzen.

FAZIT: Eine sehr schöne Kneipe für Menschen, die ihre gerade angetrunkenen Cocktailkalorien sogleich wieder abtanzen möchten oder müssen.

SPEISEN UND GETRÄNKE: Karibisches Essen und karibische Drinks.

GEMÜTLICHKEIT: Wer deutsche Gemütlichkeit erwartet, der ist in der Cuba Lounge schlecht aufgehoben, denn hier regiert eine zweckmäßige Einrichtung, die der Betreiber wohl in Anlehnung an seine sozialistische Heimat gewählt hat.

SERVICE: Die Bedienung ist freundlich, arbeitet aber ein wenig nach karibischer Gummizeit. Der Laden ist also nichts für Leute, die an Fast-Food oder die Zackigkeit eines Offizierscasinos gewöhnt sind.

PREIS-LEISTUNGSVERHÄLTNIS: Karibische Exotik hat ihren Preis. Für ein Nulldreiunddreißiger lateinamerikanisches Bier (kubanisch, mexikanisch oder dominikanisch) müssen vier Euro berappt werden, ein Cuba Libre kostet 5,50 Euro. Ein Ripiadito de Pollo (kubanisches Gericht auf Hähnchenfleischbasis) kostet 13,50 Euro.

BESONDERHEITEN: Die lateinamerikanische Musik verleiht dem Laden seinen ganz eigenen Groove.
Wohltuend empfanden wir als Tester die Tatsache, dass man in der Lounge vom Kuba-Zigarren-Klischee und Che Guevara Bildern völlig verschont bleibt.

ÖFFNUNGSZEITEN: Täglich ab 18 Uhr. Montag ist Ruhetag.

ADRESSE:
Rüttenscheider Straße 319, 45131 Essen,
Tel. 0201/53690995,
www.pedros-cuba-lounge.de
(Der Eingang ist nicht leicht zu finden. Man erreicht die Lounge über eine Treppe in der Einfahrt des Autohauses.)

EINE FEINE MISCHUNG

DER PLAN B IN RÜTTENSCHEID

Stylish, cool und modern gibt sich der 2005 eröffnete Laden auf der Rüttenscheider Straße. Zwar unterscheidet sich der Plan B innenarchitektonisch nicht sonderlich von anderen Szenekneipen im Essener Partyviertel, wohltuend anders ist jedoch, dass die Betreiber darauf verzichtet haben, ihn zwanghaft witzig zu dekorieren oder unter irgendein merkwürdiges Motto zu stellen (man kann also getrost

Besuch aus New York, London oder Stuttgart mit in den Plan B nehmen, ohne dass die armen Menschen ob der Optik einen Kulturschock erleiden würden).

In der ruhigen Atmosphäre wird der Gast noch wie ein König behandelt und nicht wie in vielen anderen modernen Rüttenscheider Gastronomiebetrieben zum staunenden Besucher degradiert. Dies spiegelt sich besonders im freundlichen Service, der auch bei voller Bude dafür sorgt, dass man nicht lange auf seinen Drink oder sein Essen warten muss. Beides wird auch gern – dies war schon vor Einführung des Rauchverbotes Tradition im Plan B – vor der Türe serviert.

Für eingeborene und eingefleischte Kneipengänger ist der Bar-Charakter etwas gewöhnungsbedürftig, denn die Keeper servieren die Getränke in amerikanischem Stil mit recht viel Eis. Der insgesamt entspannte und überaus freundliche Rahmen macht dieses kleine

Manko jedoch wieder wett und es stört einen dann auch nicht, wenn man zu einem Glas voller Eisstücke eine kleine Cola (Fläschchen) bekommt – ganz im Gegenteil: Bei einem unserer Testtrinker erweckte die neckische Mini-Bottle Kindheitserinnerungen.

LIVE-MUSIK

Mehrfach im Jahr gibt es Live-Musik im Plan B. Dabei wird es aber selten zu laut, denn es finden vornehmlich House-Konzerte statt, bei denen sich die Künstler nicht in den Mittelpunkt stellen, sondern die Kneipengäste unterhalten möchten. Und so ist der Eintritt für die musikalischen Darbietungen fast immer frei – auch dann, wenn Größen wie Teddy Schmacht ihr bizarres Repertoire zum Vortrag und ausnahmsweise das Lokal zum Beben bringen.

FAZIT: Entspannte Atmosphäre, in der Frühstück bis 15 Uhr serviert wird. Den Betreibern ist eine feine Mischung aus Nachbarschaftskneipe, Café, Cocktailbar und wunderbarem Veranstaltungsort gelungen. Schmackhafte und bezahlbare Gerichte runden den durchweg positiven Eindruck des Lokals ab, das durchaus auch Plan A heißen könnte.

SPEISEN UND GETRÄNKE: Anspruchsvolle saisonale Küche zu bezahlbaren Preisen. Dazu gepflegte Getränke vom Pilsken über einen ordentlichen Wein bis zu einer großen Cocktailkarte.

GEMÜTLICHKEIT: Der szenische Laden ist gewiss nicht jedermanns Sache. Gemütlichkeit im klassischen Sinne sucht man hier vergeblich. Um zu klönen oder nach Feierabend mit dem einen oder anderen Bier beieinander zu sitzen, ist der Plan B aber genau richtig.

SERVICE: Im Plan B wird ein freundliches und entspanntes Verhältnis zu den Gästen gepflegt.

PREIS-LEISTUNGSVERHÄLTNIS: Okay. Ein Kasslernacken mit Sauerkraut und Kartoffelpüree von der Mittagskarte kostet z. B. 10,50 Euro, für Cocktails müssen im Schnitt 7 bis 8 Euro berappt werden.

BESONDERHEITEN: Einer der wenigen Szeneläden in Rüttenscheid, in denen Erwachsene unter sich bleiben und somit auch entsprechende Musik hören können.

ÖFFNUNGSZEITEN: Ganztägig von 9 Uhr bis Ende offen. Sonn- und feiertags ab 10 Uhr.

ADRESSE: Rüttenscheider Straße 201, 45131 Essen, Tel. 0201/6158294, www.ruettenscheider-planb.de

AMERICAN WAY OF LIFE

DER ROAD STOP ZWISCHEN BREDENEY UND KETTWIG

Die Meisenburgstraße ist weiß Gott nicht die Route 66. Und so staunt der unbedarfte Reisende nicht schlecht, wenn er auf Höhe der Nummer 255 eine Highway-Raststätte im Stile der 1950er Jahre erblickt. Was bei Ortsfremden für Augenreiben sorgt, ist für erfahrene Essener Biker ein gewohnter Anblick, denn Motorrad- und Cabriofreaks machen seit 1996 regelmäßig auf ihren sonn- und feiertäglichen Ausfahrten am Road Stop Halt.

Die Legende will es, dass die Bretter für das hölzerne Gebäude einzeln über den großen Teich verschifft wurden, nachdem sie zuvor über viele Jahrzehnte in den Weiten des Wilden Westens ein Rasthaus zusammenhielten. Die Geschichte ist schön, jedoch leider zu schön, um wahr zu sein, denn beim Essener Road Stop handelt es sich um den Ableger einer Road-Stop-Gruppe. Ähnliche Lokale besitzen die Betreiber auch in Dortmund, Münster und Wuppertal. Trotzdem ist der Laden kein Glied in einer anonymen Kettengastronomie, sondern hat seine eigene Seele, weshalb er es auch in den Kneipenführer geschafft hat.

Die Einrichtung ist stilecht und besteht aus liebevoll zusammengetragenen Devotionalien aus den guten alten 1950er Jahren, als ein James Dean noch über die Highways bretterte und mit traurigem Blick seine Coke am Tresen eines Road Stop nippte. Ob eine originale Zapfsäule, ein Rinderschädel oder ein Indiana-Jones-Flipper, die Staaten und Hollywood sind allgegenwärtig. Und natürlich fehlt auch kein riesiges James-Dean-Poster.

FINGERFOOD UND DÜNNER KAFFEE

Die Wirte rühmen sich, den besten Kaffee des Ruhrgebiets zu servieren, anständige Ruhrpottler können darüber jedoch nur schmunzeln

SPEED
LIMIT
20
M.P.H.

und bestellen sich hier lieber ein ordentliches Bier als eine originale amerikanische Tasse labbriger Brühe, die eher an Muckefuck als an Bohnenkaffee erinnert. Aber immerhin ist der schlechte Kaffee ein Merkmal für die Authentizität des Lokals und muss folglich als stilecht gelobt – wenn auch nicht getrunken – werden.

Vom sogenannten Kaffee einmal abgesehen, ist das Angebot auf Tellern und in Gläsern als sehr ordentlich und außerordentlich kalorienreich zu bezeichnen. Fingerfood, den man früher bei uns als Häppchen bezeichnet hätte, wird mit sehr leckerer und hausgemachter Barbecue-Soße serviert, die Burger, Steaks und Chicken Wings schmecken klasse und auch die Cocktails sind sehr fein abgemischt. Alles in allem ist das Road Stop ein absolutes Muss für jeden Amerikaliebhaber, der nicht gerade auf Diät ist.

Im Sommer lädt der große Biergarten zum Verweilen ein. Und auch wenn der Marlboro-Mann sein Pferd nicht vor dem Road Stop anbindet, lohnt es sich an Sommersonntagen doch, bei einem Miller Genuine Draft vor dem Lokal zu sitzen und dem Treiben auf dem Parkplatz zuzuschauen, denn dort drehen dann ältere Herren in chromglänzenden Oldtimern ihre Runden und übersehen völlig, dass die aufgebrezelte Studentin von heute auch im Rasthaus statt mit Pferdestärken lieber mit ihrem iPhone spielt.

FAZIT: Der ideale Laden zur Vor- und Nachbereitung einer USA- und Kanadareise.

SPEISEN UND GETRÄNKE: Beck's, Hasseröder und Diebels Alt vom Fass, dazu noch eine von Löwenbräu gebraute Lager-Hausmarke, die unter dem Namen Road Stop Lager vertrieben wird. Weiterhin gibt es ein paar Exoten aus der Flasche (Miller Genuine Draft, Corona, San Miguel u. a.). Für den kleinen bis ganz großen Hunger stehen Burger in drei Gewichtsklassen auf der Speisekarte (180 gr., 225 gr. und 330 gr.). Daneben gibt es andere typisch amerikanische Gerichte wie Chicken Wings, Spare Ribs und Rumpsteaks.

GEMÜTLICHKEIT: Nach klassisch deutschen Bewertungskategorien würde das Road Stop Null Punkte erhalten. Den Betreibern kam es aber nicht darauf an, eine Stätte der Gemütlichkeit zu schaffen, sondern eine klassische amerikanische Highway-Raststätte. Dies ist ihnen gelungen, daher bekommt der Laden nach US-Version volle Punktzahl.

SERVICE: Professionell, schnell und freundlich.

PREIS-LEISTUNGSVERHÄLTNIS: Okay. Für ein Null-Vierer-Bier zahlt man 2,95 Euro, ein Fläschchen Corona kostet 3,45 Euro. Die Speisen bewegen sich in einem ähnlichen Preisrahmen: Die Burger kosten zwischen 5,75 und 13,45 Euro, je nach Gewichtsklasse.

BESONDERHEITEN: Authentische Highway-Raststätten-Atmosphäre mit allen Vor- und Nachteilen, also auch mit entsprechend gefräßiger Geräuschkulisse.

ÖFFNUNGSZEITEN: Täglich von 11 bis 1 Uhr (durchgehend warme Küche bis 23 Uhr).

ADRESSE:
Meisenburgstraße 255,
45133 Essen,
Tel. 0201/711129,
www.roadstop-essen.de

ANARCHISCHES BOLLWERK

DAS SOUL HELLCAFÉ IN RÜTTENSCHEID

Wenn ein Laden Soul Hellcafé heißt, bedeutet dies noch lange nicht, dass man dort seine Seele für ein Tässchen Bohnenkaffee hergeben muss. Auch erscheint der Beiname Café bei genauerer Betrachtung der Örtlichkeit mehr als rätselhaft, denn in der Rockbude werden eher harte Drinks gekippt als Mokkas genippt. Viele Stammgäste nennen das Lokal deshalb auch einfach nur Soul.

In den Räumen der ehemaligen Alm (zugegebenermaßen eine unserer Lieblingskneipen aus früherer Zeit) ist das Soul Hellcafé erst 2013 eingezogen, nachdem es früher lange auf der Kahrstraße beheimatet und dann für einige Zeit ganz von der Bildfläche verschwunden war. Seit der Laden wieder läuft, geben sich die unterschiedlichsten Bands die Klinke in die Hand und spielen sich bei Live-Konzerten die Seele aus dem Leib. Hier treten Größen wie der US-amerikanische Country-Rocker Eddie Spaghetti auf, aber es spielen auch Bands wie die legendären Porters aus Duisburg.

Ob Punk, Rockabilly, Psychobilly oder Hardcore, nie wird es leise oder schnulzig. Für dieses Credo war schon das alte Soul Hellcafé bekannt, von dessen Inneneinrichtung allerdings nichts mehr übrig ist, denn als sich die Pforten auf der Kahrstraße schlossen, wurde auch das Inventar verschleudert. Das neue Soul präsentiert sich Innen und Außen in einem knalligen Rot. An den Wänden hängen Poster mit Bildern von Rockikonen und andere Devotionalien aus der schwereren Musikszene. Es versteht sich von selbst, dass in einem solchen Ambiente der Whisky in Strömen fließt und sich im Publikum entsprechend trinkfeste Charaktere finden. Genau auf diesen rockigen Charakter seines Lokals ist der Inhaber Christian Voss stolz. Gerade im trendigen Rüttenscheid ist sein Rockerladen ein herrlich-anarchisches Bollwerk gegen die oft eintönige Konzeptgastronomie.

KONZERT UND PARTYKNEIPE

Das Soul will eine Konzert- und Partykneipe sein. Dabei legt man aber großen Wert darauf, nicht zwanghaft zu wirken und hält sich daher mit Mottopartys weitestgehend zurück. Die Gäste danken es den Machern und lassen den Laden zuweilen auch unter der Woche richtig brummen. Auf der Friederikenstraße ist man stolz darauf, dass sich die nächtlichen Stammgäste sogar aus Köln und Düsseldorf auf den Weg machen, um in der heimeligen Atmosphäre des außer-

gewöhnlichen Ladens musikalisch etwas zu erleben, das sonst weit und breit nirgends geboten wird.

Wer einen der wunderbaren Abende im Essener Süden erlebt hat, den zieht es immer wieder in den kleinen Laden, denn es sind vor allen Dingen die Konzerte der Bands aus unserer Region, die das Soul Hellcafé zu einer begehrten Veranstaltungsstätte machen. Als die Duisburger Irish-Folk-Punk-Band The Porters kurz vor Weihnachten vor ausverkaufter Hütte aufspielte und eine Mischung aus Geigen und hammerhartem Gitarrensound zum besten gaben, waren es besonders junge Leute, die von der handgemachten irischen Mucke nicht genug bekommen konnten und sich nach Zugaben die Seele aus dem Leib schreien.

FAZIT: Klasse Musik- und Konzertkneipe mit vollkommen eigenem und unverwechselbarem Charme. Man kann Christian Voss für die Wiedereröffnung nur von Herzen danken.

SPEISEN UND GETRÄNKE: Zu höllischem Sound im Soul Hellcafé kann natürlich auch höllisch geschüttet werden. Neben Bier sind vor allem härtere Sachen angesagt.

GEMÜTLICHKEIT: Für Menschen mit härterem Musikgeschmack ein Ort wunderbarer Behaglichkeit, für Freunde des Musikantenstadls die Hölle in Rüttenscheid.

SERVICE: Freundliche und nette Bedienung.

PREIS-LEISTUNGSVERHÄLTNIS: Okay! Für ein Nulldreier Stauder müssen 2,30 Euro gezahlt werden, ein Cuba Libre kostet 6 Euro und für einen Cheeseburger werden 6,90 Euro berechnet.

BESONDERHEITEN: In erster Linie sind es die Konzerte, die den Laden besonders machen. Hier bekommt man Künstler und Bands zu sehen, für die man sonst weite Touren oder gar Reisen in die USA unternehmen müsste. Dabei bleibt das Soul Hellcafé stets Kneipe und wird nie zu einem austauschbaren Veranstaltungsort.

ÖFFNUNGSZEITEN:
Montags bis donnerstags von 18 bis 24 Uhr, freitags und samstags ab 18 Uhr (Open End), sonntags von 15 bis 22 Uhr.

ADRESSE:
Friederikenstraße 49-51,
45130 Essen,
www.soul-hellcafe.com

KULISSE FÜR EIN HOLLYWOOD-ROADMOVIE

DAS STAR DINER IN ALTENESSEN

An Burgerlokalen mangelt es in Essen gewiss nicht. Wenn ein Laden jedoch mit Fug und Recht zu den empfehlenswertesten Kneipen im Ruhrgebiet gehört, so ist es das 1998 eröffnete Star Diner im Gewerbegebiet Altenessen. Mit außerordentlich viel Liebe zum historischen Vorbild haben die Betreiber ein nostalgisches Burgerrestaurant geschaffen, das locker als Kulisse für ein Hollywood-Roadmovie dienen könnte, denn hier fehlt nichts am vollkommenen Amerika-Klischee. Schon vor dem Diner begrüßt die Gäste eine rund sechs Meter hohe und fünf Zentner schwere Skulptur aus Fieberglas, die der Rock'n'Roll-Ikone Buddy Holly nachempfunden ist – viele Essener kennen sie noch vom Berliner Platz, wo sie bis 2010 für das Musical „Buddy" warb. Im Eingangsbereich geht es trotz Rauchverbot mit einem US-Zigarettenautomaten aus den 1960ern weiter, und drinnen empfängt einen ein Tresen, der durchaus Edward Hopper für sein weltberühmtes Gemälde „Nighthawks" als Vorbild gedient haben könnte. An den Wänden hängen allerlei Verkehrs- und Nummernschilder von Highways und Byways aus den Weiten des Wilden Westens.

„Please wait to be seated" steht auf einem Schild am Eingang. Ob man wirklich warten muss, bevor man einen Platz zugewiesen bekommt, können wir als Testcrew nicht herausbekommen, denn wir folgen einem resoluten älteren Herrn in den Gastraum, der den Hinweis ganz ruhrgebietstypisch mit „Wer watt von mir will, der soll sich auf deutsch ausdrücken", kommentiert. Diese Einstellung ist in Essen zwar nicht ganz falsch, aber einem original amerikanischen Diner kann man dieses kleine „Überoriginalität“ durchaus verzeihen, schließlich werden wir nicht von unseren frei gewählten Cadillacrücksitzbänken am Fenster vertrieben, sondern rasch und freundlich bedient (auf Deutsch!).

FRÜHSTÜCK RUND UM DIE UHR

Speisen und Getränke lassen für Freunde der US-amerikanischen Küche sowohl qualitativ als auch quantitativ keine Wünsche offen, schließlich haben die Betreiber ihr Lokal unter das Motto „Wer nicht satt wird, ist selber schuld“ gestellt. Legendär sind die Milchshakes, die nach Originalrezepten aus den Staaten geschüttelt oder gerührt werden und auf Wunsch auch in einem (selbstverständlich originalen und fahrbereiten) gelben US-Schulbus serviert

werden. Typisch amerikanisch ist auch der Service, ein kalorienreiches Frühstück rund um die Uhr auf die Tische zu bringen. Dabei muss es nicht unbedingt ein „Denver Omelett“ oder „The Strongest Maxxx“ sein, man kann auch getrost ein „Traditional German Breakfast“ bestellen und bekommt dann Brötchen, Butter, Aufschnitt usw.

FAZIT: Wen es nach einer Zeitreise ins Amerika der 1950er und 1960er Jahre gelüstet, der ist sowohl in der Mittagspause als auch am Abend im Star Diner gut aufgehoben.

SPEISEN UND GETRÄNKE: Im vollkommen authentischen und schönen US-Diner hat sich zu leckeren Burgern und Fingerfood Gott sei Dank nicht die amerikanische Unsitte von Pitchern eingebürgert, hier wird ein ordentlich gezapftes Bier ausgeschenkt. Empfehlenswert sind besonders die herrlichen Milchshakes.

GEMÜTLICHKEIT: Nostalgische amerikanische Diner-Gemütlichkeit. Am Tresen fehlen nur Buddy Holly und Marilyn Monroe.

SERVICE: Schnell, freundlich und perfekt. Man wird stilecht platziert (Please wait to be seated).

PREIS-LEISTUNGSVERHÄLTNIS: Gut! Für ein Nulldreier Stauder zahlt man 2,40 Euro, ein Cheeseburger mit Pommes kostet 7,60 Euro. Unter der Woche gilt von montags bis donnerstags nach 21 Uhr All you you can eat; dann kosten z. B. donnerstags Hähnchenflügel bis zum Abheben nur 7,77 Euro.

BESONDERHEITEN: Für Menschen, hinter denen sich die Schultore schon vor vielen Jahren schlossen, ist der zum Restaurant umgebaute original US-Schulbus auf dem Parkplatz eine schöne Alternative zum 1950er-Jahre-Innenleben des Hauptladens.

ÖFFNUNGSZEITEN: Montags bis donnerstags von 7 bis 1 Uhr, freitags bis sonntags rund um die Uhr geöffnet.

ADRESSE: Am Lichtbogen 12, 45141 Essen, Tel. 0201/8630055, www.star-diner.eu

ERLAUBT IST, WAS GEFÄLLT

DER STOFFWECHSEL IN RÜTTENSCHEID

Als Claudia Stoff ihren Laden 2006 eröffnete, brauchte sie nicht lange über einen passenden Namen nachzudenken. „Stoffwechsel“ sollte ihr Baby heißen. Ob der Kneipenname allein ihrem Familiennamen geschuldet ist, oder sich ein anderer Taufpate dahinter verbirgt, weiß wohl kaum einer ihrer Stammgäste genau. Fest steht aber, dass der Stoffwechsel auf der Hedwigstraße stimmig und gesund ist, denn Claudia achtet auf eine ausgewogene Balance zwischen gutem Essen, feinen Getränken und gemütlicher Atmosphäre inklusive der stets passenden Musik.

„Bei uns sollen sich die Gäste rundum wohlfühlen“, sagt die gebürtige Wattenscheiderin, die in Essen Kommunikationswissenschaft studierte und sich ihr gastronomisches Wissen als Servicefachkraft und im Café Click angeeignet hat. Dass sie mit dieser Philosophie voll ins Schwarze getroffen hat, beweist die Treue ihrer Stammgäste, deren körperlicher und seelischer Stoffwechsel seit einem knappen Jahrzehnt im liebevoll gestalteten und wohnzimmerartigen Lokal gehegt und gepflegt wird.

Ob man allein auf ein Bierchen hereinschauen, einen leckeren Cocktail trinken, nach dem Samstagsmarkt frühstücken oder schön Essen gehen möchte, im Stoffwechsel geht so einiges. „Erlaubt ist was gefällt. Von Anfang an war es mein Konzept, das Mögliche möglich zu machen. Deshalb ist der Laden auch in ständigem Wandel. Zu uns kommen die unterschiedlichsten Gäste mit den unterschiedlichsten Wünschen“, erzählt die Hobbyköchin nicht ohne Stolz, muss aber eingestehen, dass sie das Kommando am Herd einem Profi aus dem Fernen Osten übertragen hat. Palanivelu Thavarajah kocht, backt und brutzelt mit Liebe und Leidenschaft und schafft dazu den perfekten Spagat zwischen asiatischer und europäischer Küche.

Kennen gelernt haben wir den Rüttenscheider Stoffwechsel vor zwei Jahren, als Kai Liekenbröcker, der ehemalige Keyboarder der legendären Band Fury in the Slaughterhouse dort die Gründung seiner Plattenfirma feierte und während eines gemeinsamen Konzertes mit der Londoner Soulsängerin S.E.L. die kleine Hütte zum Beben brachte. Hauskonzerte (nicht Housekonzerte!) sind es neben der feinen Küche nämlich auch, die das Lokal zu einem echten Wohnzimmer bzw. zu einem Musiksalon im besten Sinne des Wortes machen. Auf den plauschigen Sofas fühlt man sich so, als ob man bei den Künstlern daheim zu Gast wäre. Aber nicht nur zu musikalischen Veranstaltungen, auch zum gemeinsamen Fußballgucken lohnt sich ein Besuch, denn anders als in anderen Kneipen, die sich dann „Sports Bar" nennen, darf man im Stoffwechsel ruhigen Gewissens keine Ahnung vom Kult um das runde Leder haben. Den Beweis für eine entspannte Fußballatmosphäre bot ein junger Mann, der während einer Übertragung des Lokalderbys Dortmund gegen Schalke folgenden Frage stellte, die sowohl unkommentiert als auch unbeantwortet blieb: „Sind die Blauen die Bochumer?"

Claudia Stoffs Kneipe Stoffwechsel präsentiert sich hell, modern und mit wechselnden Kunstwerken geschmückt.

ECKKNEIPE MIT MODERNEM UND ANTIKEM INTERIEUR

„Mit dem Stoffwechsel habe ich mir einen Traum erfüllt", sagt die 43-jährige Betreiberin. Und wer sich im Laden umschaut, der erkennt sofort, dass hier viel Liebe ins Detail gesteckt wurde. Ein runder Tresen, der an die 1950er und 1960er Jahre erinnert, dazu wunderbar altertümliche Tapeten, kombiniert mit Sesseln aus Omas Wohnstube, dekorieren den Schankraum. An den Wänden hängt knalligbunte Streetartkunst. Nebenan im Speiseraum stehen moderne Möbel, und nur ein Kronleuchter sowie ein goldener Bilderrahmen sind hier antiken Ursprungs. „Der Laden lebt und soll auch lebendig bleiben", sagt Claudia und spätestens jetzt weiß der Besucher auch, warum der Stoffwechsel nicht anders als Stoffwechsel heißen kann.

FAZIT: Die gelungene Mischung aus individueller Einrichtung, Restaurant, Bar und Café machen den Rüttenscheider Stoffwechsel zu einer sehr schönen Location, in der junge Leute chillen und Erwachsene entspannen können.

SPEISEN UND GETRÄNKE: Niemandes Stoffwechsel wird unter den Augen und Händen von Claudia Stoff und ihrem aus Sri Lanka stammenden Koch kollabieren. Eine gesunde Mischung aus Deftigem (Burger und Schnitzel) und Leichtem (knackige Salate oder original indisches Dal) sowie eine wunderbare Getränkekarte (super Cocktails!) werden dem Anspruch des Lokals gerecht, zu 100 Prozent Restaurant, Kneipe und Cocktail-Lounge sein zu wollen. Dass man natürlich hier auch sein gepflegtes Stauder bekommt, versteht sich von selbst.

GEMÜTLICHKEIT: Im Stoffwechsel erinnert trotz des modernen und hellen Interieurs viel an eine klassische Eckkneipe. Der Laden ist eine moderne und sehr gemütliche Variante eines Wohnzimmers, in dem man sich mit Freunden treffen, Sound hören oder einfach nur quatschen kann.

SERVICE: Typisch Eckkneipe: freundlich, schnell und familiär.

PREIS-LEISTUNGSVERHÄLTNIS: Für ein Nulldreier Stauder müssen 2,50 Euro berappt werden, ein Burger mit hausgemachten Brötchen und Pommes kostet 11,80 Euro und ein asiatisches Curry mit Reis und Salat wird für 14,90 Euro auf den Tisch gestellt.

BESONDERHEITEN: Wechselnde Ausstellungen, Konzerte und andere kulturelle Veranstaltungen in gemütlicher und zugleich stilvoller Atmosphäre machen das Lokal einzigartig.

ÖFFNUNGSZEITEN: Dienstags bis freitags ab 17 Uhr, samstags ab 10 Uhr. Sonntags und montags ist der Stoffwechsel heruntergefahren.

ADRESSE: Hedwigstraße 5, 45130 Essen, Tel. 0201/5600869, www.stoffwechsel-essen.de

BEI KONZERTEN GEHT DIE POST AB

DAS SÜDROCK IM SÜDVIERTEL

Als das Südrock 2011 seine Pforten öffnete, fragten sich viele Musikfreunde, ob man neben dem Café Nord noch eine Rockkneipe in Essen bräuchte. Inzwischen haben die Betreiber aber bewiesen, dass sie ihr eigenes Konzept fahren und nicht nur geografisch einen ganz anderen Pol markieren als die Traditions-Rockkneipe im Norden der Stadt. Das Südrock setzt aufs Viertel und gliedert sich somit in die junge und alternative Szene ein, die sich seit einigen Jahren im angesagtesten Stadtteil tummelt. Wer in einer der anderen Kneipen in der Nachbarschaft den Abend begann, der kann später im Südrock auch unter der Woche bis in die Puppen durchfeiern, denn der Laden schießt erst um vier Uhr (am Wochenende sogar erst um sechs).

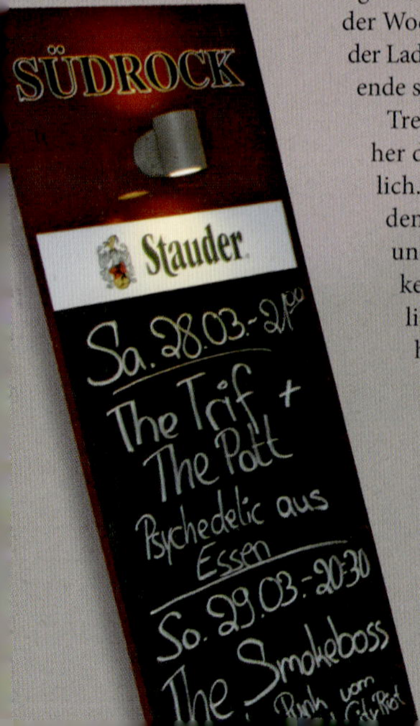

Trendigen Chick sucht man dort, wo früher das Zappes seine Residenz hatte, vergeblich. Alles ist rot gestrichen, an den Wänden hängen Gitarren, Fotos von Sängern und Bands, die Menschen über 40 nicht kennen, sowie andere rockige Devotionalien, u.a. der Totenschädel eines Langhornrinds (der Wilde Westen lässt sogar im Essener Süden grüßen). Längst ist das Südrock kein Geheimtipp mehr. Inzwischen kommen viele der nächtlichen Stammgäste aus anderen Stadtteilen oder aus den Nachbarstädten, um bei harter Musik einen späten Snack oder ein sehr frühes

Frühstück (dies kann durchaus rein flüssiger Konsistenz sein) einzunehmen.

Das Publikum macht dem Namen des Lokals alle Ehre, denn es ist in der Tat sehr rockig. Die meisten Gäste bevorzugen dunkle Kleidung und nicht wenige haben schwarz gefärbte Haare, sind großflächig tätowiert und mit reichlich Piercings versehen. Trotzdem sind die Südrocker alles andere als Bürgerschrecke. Es handelt sich bei ihnen eher um Menschen, die für die Musik leben – was bei unserem Besuch offenkundig wird, weil bereits mehr als 20 Gäste schon eine Viertelstunde vor Öffnung des Lokals vor der Türe warten und sich in Vorfreude auf das Konzert der Ruhrpott-Punk-Reggae-Band „Awesome Scampis" angeregt unterhalten. Als die Scampis um 21 Uhr dann ihre Drums bearbeiten und in die Trompeten schmettern, outen sich einige Besucher als sachkundige und nicht leicht zufriedenzustellende Kritiker. „Für eine Album-Release-Show ist die Performance alles andere als fett. Da lässt sich nix auf die Soundanlage im Laden abwälzen. Die Band hätte vielleicht ein bisschen professioneller proben sollen", beschwert sich eine junge Edelpunkerin, die sich im Verlauf der weiteren Unterhaltung als Stammbesucherin aus Mülheim vorstellt und dem Südrock ein insgesamt positives Zeugnis ausstellt. Ihre Freundin stimmt ihr zu: „Summa summarum ist das Südrock eine echt coole Location."

EINTRITT IST (FAST) IMMER FREI

Welche Band auch immer in die Tasten oder Saiten haut, macht preislich kaum einen Unterschied, denn stets ist man bemüht, den Eintritt so niedrig wie möglich anzusetzen. Dass das ursprüngliche Konzept, im alternativen Südviertel ganz auf Eintrittspreise zu verzichten, inzwischen aufgegeben werden musste, sieht wohl jeder verständige Gast ein. Fünf bis zehn Euro für Konzerte sind jedoch bezahlbar, denn die Bandauswahl darf getrost als eigenwillig bezeichnet werden. Hier gibt es von Punk über Metal heftig was auf die Ohren, weshalb sich in der Regel auch ein junges Publikum einfindet, dessen Hörorgane noch etwas vertragen.

Man muss aber nicht unbedingt zu den lauten Konzerten im Südrock einlaufen, um das Flair der 1980er Jahre zu schnuppern. Schon am frühen Abend kann man hier am Kickertisch oder an der Dartscheibe Kneipenatmosphäre des letzten Jahrtausends genießen und sich bei gemäßigten Tönen sogar unterhalten. Im Sommer gibt es hinter dem Laden eine Terrasse, auf der man dann zum Bier auch qualmen kann.

FAZIT: Ein Lokal für Leute, die sich in der alternativen Musikszene auskennen oder in sie hineinschnuppern wollen. Schön ist die Tatsache, dass die Betreiber auf jedweden Chic verzichtet haben und dem Südrock so den Charme der 1980er Jahre verleihen.

SPEISEN UND GETRÄNKE: Bier, Longdrinks und kleine Speisen zu fairen Preisen.

GEMÜTLICHKEIT: Rustikal und einfach. Das Südrock ist eine Musikkneipe und entsprechend eingerichtet.

SERVICE: Freundlich und entspannt.

PREIS-LEISTUNGSVERHÄLTNIS: Gut! Wöchentliche Aktionen machen das Trinken im Südrock zu einer günstigen Angelegenheit. Montags gibt es z. B. den „Astra Monday", an dem für ein gleichnamiges Pils zwei Euro aufgerufen werden. Donnerstags kosten Longdrinks nur 3,50 Euro und Studenten und Azubis zahlen für einen halben Liter Astra nur 2,50 Euro – wer möchte da schon seine Ausbildung beenden?

BESONDERHEITEN: Die Konzerte sind stets ein Highlight, allerdings nicht für Leute, die an perfekte Veranstaltungen von Stars gewöhnt sind. Hier herrscht noch der alte Konzertcharme der 1970er und 1980er Jahre, der den Laden zu etwas Außergewöhnlichem macht.

ÖFFNUNGSZEITEN: Sonntags bis donnerstags 20 bis 4 Uhr, freitags und samstags 20 bis 6 Uhr.

ADRESSE: Rellinghauserstr. 124, 45128 Essen, Tel. 0201/79886288, www.suedrock.de

OPAKNEIPE MIT HERZ

DAS WIRTSHAUS RÜ IN RÜTTENSCHEID

Eine Kneipe einfach nur Wirtshaus zu nennen, dazu gehört im mondän-trendigen Rüttenscheid schon allerhand Mut und Selbstvertrauen. Hinter dem Tresen des Wirtshauses Rü steht allerdings ein Mann, der beides seit jeher verkörpert. 2003 eröffnete Klaus Kattenbracker das gutbürgerliche Lokal auf der Rüttenscheider Straße. Der End-Fünfziger hat das Gaststättengewerbe von seinen Eltern gelernt und weiß, wie Kneipe funktioniert. Von Trends und ständigem Umdekorieren seines Wirtshauses hält er wenig und überlässt Designermöbel und vollverglaste Tresen lieber seinen jüngeren Kollegen in der unmittelbaren Nachbarschaft. Er setzt bei der Inneneinrichtung auf rustikales und stabiles Holz, denn sein Wirtshaus gehört zu jener Sorte von Kneipen, die einer unserer Testtrinker Opakneipen nennt und die ihm als Autor von Heimatgeschichten immer wieder als Fundgrube für neue Charaktere und neue Geschichten dienen. Hier hörte er auch den folgenden, legendären und wohl nur im Ruhrgebiet als ehrlich empfundenen Satz aus dem Munde eines Stammgastes: „Jetzt trinken wir noch zwei, drei Jahre unsere Bierchen und dann gehen wir mal schön kaputt."

Es ist die erfrischende Bodenständigkeit, die den Laden zu einem echten Unikum macht. An der Theke werden statt Hugos noch immer Gedecke getrunken und statt Business-Lunch gibt es hier einen Mittagstisch mit wöchentlich wechselnder Karte. Klönen über Fußball, Politik oder nur übers Wetter, dazu vielleicht die eine oder andere Runde Knobeln oder Skat. Diese Traditionen hält Klaus Kattenbracker hoch und nicht nur ältere Semester nehmen diesen Service gerne an. „Hier bekommt man noch ein Schnitzel und muss keine Fremdsprachen studiert haben, um die Speisekarte lesen zu können", erläutert ein Gast seine Vorliebe fürs Wirtshaus Rü. Und tatsächlich findet man auf der Tageskarte nur deutsche Gerichte, die allerdings vom Chef mit einer persönlichen Note versehen werden und somit nicht einfach unter die Rubrik Hausmannskost fallen.

GUTEN APPETIT OHNE SCHLECHTES GEWISSEN

Klaus Kattenbracker und seine Mannschaft kochen nach der Devise „Fleisch ist ein Stück Lebenskraft“ und setzen bewusst gegen den

Trend der veganen Küche, die viele Essener Gastronomen seit geraumer Zeit für das Nonplusultra halten. Und weil Currywurst und Schnitzel nicht gleich Currywurst und Schnitzel sind, kauft man für die Küche des Wirtshauses Rü nicht im Supermarkt ein, sondern bei

ausgewählten Metzgern der Region und setzt so auf eine Tradition, die anderswo schon längst ausgestorben ist. Ein wenig modern ist man im Wirtshaus Rü allerdings schon, denn auf der Website des Lokals findet sich ein Anmeldeformular, mit dem man per FAX über die aktuelle Wochenkarte auf dem Laufenden gehalten wird. In Zeiten des iPhone einfach nur wunderbar und herrlich altmodisch, aber genau so wollen es Klaus Kattenbracker und seine Gäste ja.